U0726339

走进敦煌

ZOUJIN DUNHUANG

敦煌

王晶波　邵郁

著

甘肃教育出版社

图书在版编目（CIP）数据

走进敦煌 / 王晶波，邵郁著. —— 兰州：甘肃教育
出版社，2023.1
（走进甘肃旅游文化丛书）
ISBN 978-7-5423-5501-0

Ⅰ．①走… Ⅱ．①王… ②邵… Ⅲ．①旅游指南－敦
煌 Ⅳ．①K928.942.4

中国版本图书馆CIP数据核字(2022)第182213号

走进敦煌
ZOUJIN DUNHUANG

王晶波 邵郁 著

项目策划 薛英昭 刘正东
项目执行 刘正东
责任编辑 刘正东
封面设计 MM 末末美书

出 版 甘肃教育出版社
社 址 兰州市读者大道 568 号 730030
网 址 www.gseph.cn E-mail gseph@duzhe.cn
电 话 0931-8436489(编辑部) 0931-8773056(发行部)
传 真 0931-8435009
淘宝官方旗舰店 http://shop111038270.taobao.com

发 行 甘肃教育出版社 印 刷 兰州银声印务有限公司
开 本 880 毫米×1230 毫米 1/32 印 张 11.625 插 页 1 字 数 230 千
版 次 2023 年 1 月第 1 版
印 次 2023 年 1 月第 1 次印刷
印 数 1~5 000
书 号 ISBN 978-7-5423-5501-0 定 价 75.00 元

这一生，不能不来的地方

在中国，如果问一个人，若能穿越回古代，最想回去的是哪个朝代？毫无悬念，相信大多数人都会选择唐朝。是啊，回到大唐，不光是现代人的梦想，也是唐以后很多古人的梦想，至迟从南宋大诗人陆游开始，就不断有人表达着对大唐的神往与思慕，就连近代大学问家王国维，也曾写下"托意开元武德间"的诗句。确实如此。唐朝，一个辉煌豪迈的时代，以它开放、包容的胸怀，积极进取的精神，强盛繁华的文明，兼收并蓄的文化，冠绝古今的诗文，为当世也为后人，构筑出一座中华文明的高峰和永恒的精神家园，令后人久久神往。然而，唐朝终究是渐行渐远了，穿越时空回到过去，只是一个美好的梦想而已。今天的我们，也只能同前人一样，从史书的记载，从诗文的歌咏描述，从仅存的建筑与图像，乃至考古发掘的残垣遗址，来想象、追慕唐人的精神风采与生活情景。

　　然而，在欧亚大陆的腹地，在中国西北的深处，却有这样一个神奇的地方，可让人设身处地地进入并感知那一段动人心魄的历史时光。它以举世无双的佛教石窟艺术，惊世重现的文献文物，独具魅力的自然风貌，共同重现了一个活生生的唐五代的立体社会与生活情境，就好像从奔流的历史长河中凿壁侧引出的一条清溪，经过时光涵洞流到了今天；又好像从宇宙时空中切割并封藏迄今的一个多维立方体，在千年之后打开，一如当年那般气韵生动、清亮鲜活、泠泠有声。当人们徜徉其中，仿佛回到一千多年前，可以看到、听到、触到乃至嗅到往昔的岁月，真切感受到古人的生活情景与所思所想。时光仿佛在这里凝固，使置身其中的人们不知不觉中有一种穿越的错觉。

　　这个神奇的地方，便是敦煌。

　　诚然，今天的敦煌深处西北内陆，是世人眼中位置偏远、经济落后的乡土之地。但历史上，它却曾是欧亚大陆上名闻遐迩的国际化都市。在人类以欧亚大陆为主要舞台的时代，敦煌处在世界四大古老文明的融合交汇之地，扼守着丝绸之路这条国际大通道的咽喉位置，东牵中原，西连新疆，几千年来，一直是东西方文化交往与物资贸易的必经之地，也是不同文明与国家必争的政治军事要地。一千六百年前，在敦煌建立政权的西凉武昭王李暠这样概括："敦煌郡大众殷，制御西域，管辖万里，为军国之本。"重要的地理交通位置，决定了敦煌独特的政治、历史地位和文化价值。

处在世界文明十字路口的敦煌，如同一座多文化的熔炉，兼容开放、多元新异是它最明显的文化特征。这里是中华文明西传的前沿，以儒家思想为代表的中原正统文化经河西走廊渐次西行，到达此地，成为主导文化，但其力量和强度已自然减弱，为异质文化的融入留出了空间；这里又是西域文明东来的第一站，各种不同的外来文化在这里驻足、适应，与当地文明混融交汇，逐渐具备融入中原主流文化的条件。正是经由敦煌之地，中原文明与西方各民族文明交汇碰撞，融合预热，再各自向四周传播扩散。独特的位置、多元的文化、交融的民族、包容的胸怀，以及历代王朝政权的积极经营，使得敦煌在丝路之上声名远扬，逐渐发展成为"华戎所交一大都会"。

以佛教东传为例。公元前6世纪产生于古印度的佛教，在公元前3世纪时已传入西域诸国。汉通西域之后，随着丝绸之路的畅通，佛教也向东逐渐传入中土。以前人们一般认为，佛教沿丝路进入中土，其大体路径是首先传到中原，在社会上层产生影响，再由中原向四周扩散。传世文献中记载的敦煌的佛教史迹，始于公元3世纪。但是，新近发现的出土文献证明，作为中原的西端门户，处在东西方文化交通前沿的敦煌，是最早接受外来佛教文化影响的汉族地区之一。在公元1世纪的下半叶，敦煌已出现"小浮屠里"这样的地名，表明当时已有相当数量的佛教信徒聚居于此，因而才能形成这样一个地名。其后数百年间，佛教信徒们在敦煌讲经译经，修禅悟道，营造洞窟。到唐代时，敦煌的佛教已极为兴盛，仅莫高窟就有大小窟龛一千余所，加上辖境内沿水流、村落广泛分布的其他石窟寺群，敦煌成为人们心目中的佛教圣地。

敦煌之所以能够成为佛教信仰与艺术的圣地，除了东西交通的位置因素之外，还有地理条件与生存环境的影响。作为河西走廊最西端的绿洲，出敦煌往西，便是一望无际的戈壁沙漠。绿洲与荒漠的截然分明，意味着生命与死亡的巨大反差。试想一下，那些沿丝路从西方而来的商队行人，在穿越浩瀚无垠的塔克拉玛干、库姆塔格等沙漠戈壁，历经了烈日、干渴、狂风、流沙、寂寞、迷途等种种生死折磨之后，远远眺望到敦煌绿洲时的那种巨大喜悦；以及那些西出中原，即将踏入茫茫大漠的商旅征人，对未卜前途的忧惧和背井离乡的惆怅。无论东来者还是西去者，这两类心情、感受截然相反的人，交汇在敦煌，停留在敦煌。有人以丝路上的灯塔来比喻敦煌，确实很形象。不过，敦煌的意义其实还不止于灯塔，它更像一个驿站——不仅是行旅者憩息的地方，更是芸芸众生寄慰精神之所。敦煌除了能够给丝路行旅者提供必需的衣食水源之资外，更重要的，还提供给人们心灵的抚慰和精神的鼓励，人们在此礼拜神佛，观瞻寺窟，将出发者祈求神佛保佑旅途平安，家人康宁，从中获得勇气信心；平安归来者则还愿报恩，感谢神佛庇佑，印证冥冥可期、信念不虚。诵经礼佛，开窟造像，也由此构成了敦煌文化生活的一个重要组成部分。

　　文化的交汇不仅体现在宗教信仰上，也同样体现在民族与生产生活方式的多样上。自西汉王朝占有河西，设置河西四郡以来，两千余年中，敦煌一直是农耕文明与游牧文明的交汇之地，是不同民族、政权往来争锋的前沿，更是各族人民共同劳作、生息繁衍的家园。在敦煌这块土地上生活往来过的民族、人群确实太多了，汉族以外，早期的氐、羌、乌孙、月氏、匈奴，汉以后的鲜卑、卢水胡、吐谷浑、吐蕃、回鹘、突厥、于阗、党项、蒙古，以及往来丝路的印度、西域僧侣和粟特、波斯商人，都在此地留下了或深或浅的足迹。他们时或平安相处，时或争战掠夺。历史的时空中，这里震响过进击的隆隆战鼓，奔跑过踢踏跃腾的马群，燃起过报警的狼烟、守夜的篝火，也飘荡过失败者"失我祁连山，使我六畜不蕃息"的哀歌。敦煌境内的汉长城及烽燧遗址，那倾圮残缺的土墙、屹立不倒的关城，是争战的见证，也是和平不易的提醒。当战争停歇，和平回归，敦煌各族民众杂居同处，虽然语言各异，生活方式多样，或耕或牧，或商或旅，或僧或俗，但都将敦煌视为自己的家园，相濡以沫，互助共荣。敦煌也因之呈现出一派河渠纵横、桑麻翳野、牛羊满川、驼铃悠扬的景象。

这里雪山巍峨，戈壁广袤，草场辽阔，绿洲肥沃，无论农耕还是放牧，不同民族与信仰的敦煌人在此世代相承，安居乐业。在历代中原王朝及地方统治者的经营之下，在民众辛勤劳作之下，敦煌这片不大的绿洲，不仅成为当地各族民众世代安居的富庶家园，也成为丝路上一颗耀眼的绿色明珠。诗人岑参在《敦煌太守后庭歌》中写道："敦煌太守才且贤，郡中无事高枕眠。太守到来山出泉，黄砂碛里人种田。敦煌耆旧鬓皓然，愿留太守更五年。城头月出星满天，曲房置酒张锦筵。美人红妆色正鲜，侧垂高髻插金钿。醉坐藏钩红烛前，不知钩在若个边。为君手把珊瑚鞭，射得半段黄金钱，此中乐事亦已偏。"生动描绘了盛唐时期敦煌民众安定、富足，以及豪迈、热闹的生活场景。

即便是经历了安史之乱的影响和吐蕃近七十年的统治，敦煌人仍旧不改其达观乐天的性格和对生活的无比热爱，归义军时期一位无名诗人咏道："万顷平田四畔沙，汉朝城垒属蕃家。歌谣再复归唐国，道舞春风杨柳花。仕女尚□天宝髻，水流依旧种桑麻。雄军往往施鼙鼓，斗将徒劳猃狁夸。"尽情表达了敦煌人民重归唐朝的喜悦心情，及对和平安定生活的热爱。这种乐天达观和热情豪迈，在今天的敦煌人身上，我们依旧可以明显地感受得到。

两千多年来，敦煌承载了不同的文明和信仰，连接了不同的民族和语言，融汇了不同的习俗和理念，见证了欧亚大陆的风云变幻，也历经了中华文明兴衰起伏的历史过程。

元代之后的敦煌，因为陆上丝绸之路的中断而渐失光芒，被遗忘在历史的幕后。数百年过去，当它带着满身尘埃重返历史舞台时，已是末代王朝的最后时刻。伴随着旧文化的没落与清王朝的崩溃，敦煌因为藏经洞的开启及其宝藏的流失，以一种令人扼腕的方式，重为世人所知。

斗转星移，时光流逝。党河水依然潺潺流淌，滋润养育着绿洲上的田园沃土、万千生灵。莫高窟里，见惯沧桑的佛菩萨慈悲依旧，静默如昨。衣袂飘飘的飞天羽人，还在播洒无尽的花雨。敦煌还是昨天那个敦煌，只是销释了金戈铁马，残断了塞垣关隘，远去了烽烟征战；

敦煌已不是昨天那个敦煌，它抖落一身尘埃，相伴着繁华与文明，走入今天新的时代。

敦煌是一个地方，也是一段历史，更是一本书。

来敦煌吧，来这里探寻历史的脉动与文明的印迹，追踪远去的汉唐脚步，瞻仰千年的佛教艺术，阅读古丝路文明的交流交往，体验大漠的空茫、寂寥与广袤，品尝丰富又新鲜的敦煌味道。行走敦煌，读懂敦煌。感受文明魅力，触摸戈壁沙漠，俯仰古今，体察世道，读懂人心。让文明艺术与原始自然的力量，拓展生命，升华灵魂，赋予人生更大的意义。

目录

第一单元

人类的敦煌

禅定佛像

敦煌彩塑代表作之一。北魏时期。位于莫高窟第259窟北壁东侧下层佛龛中。佛像结跏趺坐于圆券形小龛内，呈禅定状态，身躯端直，身着通肩式土红色袈裟，阴刻线条自然流畅，表现出衣纹的细密与贴身垂感。佛像面容圆润，发髻整齐，大耳垂肩，双手叠于腹前，颈部微倾，目光俯视，嘴角上扬，微露出一丝发自内心的迷人笑意，神情自得，显现出禅定悟道的满足与欢愉。是敦煌彩塑佛像中表现十分生动的上品。

世界上历史悠久、地域广阔、自成体系、影响深远的文化体系只有四个：中国、印度、希腊、伊斯兰，再没有第五个；而这四个文化体系汇流的地方只有一个，就是中国的敦煌和新疆地区，再没有第二个。

——季羡林

　　整个人类的历史都在敦煌，它为什么不至贵？

——姜亮夫

一、选择来敦煌的若干个理由

在国家文化和旅游权威部门推出的 35 个中国旅游王牌景点中，"丝路敦煌"与万里长城、皇城紫禁、秦俑兵马、布达拉宫并肩，被列为"五绝"之一，它意味着敦煌的独特奇绝，不仅在中国，即使在世界，也都是绝无仅有的。

敦煌深厚的历史与宗教文化积淀，造就了莫高窟这个独绝难再的世界文化遗产。观赏莫高窟，不啻于一次神圣的礼佛之旅。一千多年的连续开凿，无数代人的信仰希望、虔诚礼敬，都经由一斧一凿、一笔一画、一花一叶，深深镌刻、塑绘在数以百计的佛窟之中，尽显于庄严妙好的塑像和精美绝伦的壁画上。这是信仰的力量与杰作，虽隔千年，依旧令人震撼。

敦煌的自然景观，有戈壁、沙漠、绿洲、湿地、湖泊、雅丹地貌等多种类型，极富特色，极富挑战。游览观赏这些独特景观的方式也多种多样，可驾车驰骋于戈壁大漠，在奔驰中挑战大地的辽阔与空旷；可乘坐热气球、滑翔机，在飞翔中体验高空俯瞰的开阔和自由；或徒步探险，或攀爬沙丘，或者更放松一些，骑上一匹骆驼，随其脚步，任其所止，在悠扬的驼铃声里，细味丝路的漫长和古道的寂寥。

行在敦煌，数不胜数的烽燧、亭障、古道、驿站，将游人带回到千年之前的峥嵘岁月。漫长而艰苦的探险旅行，是体验丝绸之路的重要内容。如果你有勇气，从敦煌出发，可以深入无人区、经历大雅丹，重走古道，探寻西域的古老奥秘。那时，你会对长城的雄奇、胡杨的坚韧、沙山月泉的奇迹、雅丹地貌的雄壮，有更加深刻的体会和认识。

行在敦煌，不是简单的眼观耳闻，也不是一般的走走停停，而是投身于自然和历史母亲的怀抱，感受她的体温、心跳，欣赏她的奇迹、美好，体验她的深邃、广袤，了解她的苦难与沉痛，并从中获得营养和力量。敦煌也将张开双臂，以宽广的胸怀，如千百年来一样，笑迎并拥抱每一位来访者。

1. 世界文化遗产的宝库——莫高窟

敦煌是丝绸之路的咽喉所在，而莫高窟，则是敦煌的灵魂。莫高窟俗称千佛洞，是目前世界上遗存规模最大、内容最为丰富的佛教石窟群落，也是人类文化艺术的宝库。它拥有735个实体洞窟、4.5万平方米壁画和2400多尊佛教造像，其中存有塑像和壁画的洞窟492个。这些洞窟开凿于公元4到14世纪之间，先后延续了 11 个世纪之久，是世界上连续营建时间最长的佛教石窟。石窟及窟内绘塑的壁画、佛像及佛教内容，是佛教徒修行、观像、礼拜的对象。由于地处中西交通的咽喉要道之上，莫高窟广泛吸收了中华文明与外来文化的多种元素，是古代丝绸之路佛教艺术文化最集中的体现。它历经千载风沙雨雪，迄今仍顽强屹立，翔实展现着两千年来中华各民族交融碰撞、文化交流吸收以及社会变迁的方方面面。

与莫高窟同处在古敦煌文化圈（敦煌郡、晋昌郡）范围内的石窟群落，还包括西千佛洞、榆林窟、东千佛洞、水峡口下洞子石窟、五个庙石窟、昌马石窟等，这些石窟与莫高窟同属一脉，从石窟内容、艺术风格到开凿时间等，都非常一致，因此统称敦煌石窟。莫高窟是其中代表，保存内容最多最丰富，但其他石窟也各有侧重，互有补充，共同组成了敦煌石窟这个佛教艺术的巨大殿堂。合计起来，这些石窟寺所存洞窟数量达到 800 多个，壁画 5 万多平方米，彩塑 3000 多身。

莫高窟与云冈石窟、龙门石窟、麦积山石窟并称中国四大石窟。1987 年被联合国教科文组织批准列入《世界文化遗产名录》，1991 年被联合国教科文组织授予"世界文化遗产"证书。

冬日晨光中的莫高窟九层楼

2. 华戎所交一都会——敦煌

从全国地图看，甘肃省会兰州处在中国陆域版图的几何中心。由兰州出发，向西跨过黄河，在祁连山与蒙古高原南缘隆起的北山之间，由东南向西北斜向伸展出一条狭长地带，这就是著名的河西走廊。这条走廊长约一千公里，宽数十至百里不等，是一条天然形成的交通要道，自古以来就是东西方往来交流的必经之路。而处在河西走廊最西端的敦煌，不仅是古代丝绸之路通向中原的咽喉锁钥，也是沟通西北、西南的战略孔道。处在这样地理位置上的敦煌，历史上曾经非常辉煌繁盛。横贯欧亚的丝绸之路将整个世界联结为一体，人类历史上的四大文明、三大宗教在敦煌交汇，不同的民族文化也在敦煌融合、共存。驼铃阵阵，行旅络绎，无论是西去的使者、商旅、戍卒，还是东来的胡商、信使、僧侣、游客，都必在敦煌驻足，补充给养，休憩恢复，探听消息，获取许可，或者就此停下疲惫的脚步，常居于斯，世代繁衍。敦煌不仅是儒家文化传承的重镇，是佛教徒向往的圣地，也同时流传着道教、祆教、摩尼教、景教及其他宗教信仰，汇聚了中、印、波斯及中亚、西亚等不同文化，先后有氐、羌、月氏、匈奴、汉、鲜卑、藏、吐谷浑、粟特、回鹘、于阗、党项、蒙古等多民族在这里居住生息。不同地区的商品、特产汇聚于此，中原的丝绸、瓷器，异域的珍宝、香料，草原的驼马、皮革，当地的五谷粮食，被不同肤色、操各种语言的人们用不同的货币交换、买卖，又通过这里源源不断地流向世界各地。无论是长城烽燧出土的丝绢缣帛、金币银币

唐代丝绸之路路线图

或胡商书信，还是莫高窟壁画中的胡商番客、驼队行旅、繁华城池，以及敦煌文献存在的本身，都向世人昭示着一个不争的史实：古代的敦煌，是一座名副其实的华戎交汇的国际都会。

3. 回望大唐的窗口——藏经洞

藏经洞，编号第 17 窟，是位于莫高窟第 16 窟北壁甬道的一个附属小窟。这个今天看来并不如何起眼的小窟，却与百余年来敦煌的命运、莫高窟的命运密切相关。

请记住这个日子——1900 年 6 月 22 日，正是在这一天，一个叫王圆箓的道士打开了封闭千年的藏经洞，秘藏的六万多件 4—11 世纪的古代文献文物由此重新面世。

这些文献文物，都是稀世珍宝。就文献而言，这里集中了世界上早期的大多数手写纸本文献，还有完整的早期雕版印刷的《金刚经》；不仅汉语，还有多种已经不再使用的民族语言文字；文献的内容庞杂宏富，涉及广泛，除大量的入藏和未入藏的佛经佛书外，还有儒家经典、史籍方志、子部杂论、诗集文章，也有不见著录的佚籍簿册，以及应用性质的日常杂用文书，从户籍差科、争讼文牒、契约书信、收支账簿、僧尼名册，到俗曲话本、变文斋文、卜卦梦书，乃至通告转帖、练字涂鸦……它为世人揭开了一个传世典籍中所没有的唐五代宋初民众生活的鲜活场景与具体内容。从文物的角度来说，藏经洞中还有大量的佛像幡画，有绘在丝绸、麻布上的，有刺绣而成的，很多都画面精美、保存如新；而那些

藏经洞——莫高窟第 17 窟

纸本的文献以及绘画，由于年代久远，其本身也是重要文物。

可以说，藏经洞的开启，不但为今人打开了一扇回望大唐的窗口，也开启了与古老丝绸之路相关的考古、历史、民族、宗教、艺术、语言、科技、石窟保护等多个方面的研究，并由之产生了一门以敦煌来命名的国际显学——敦煌学。

4. 扼守中原的门户——阳关、玉门关

中国的关隘数不胜数，但能成为分隔故土与他乡，乃至引申为生死界限的文化坐标的，只有阳关和玉门关。

汉朝拥有河西之后，为保卫这片新拓疆土，并确保东西孔道的畅通，设立了河西四郡，并在敦煌的西北要隘处分别修筑了玉门关与阳关。玉门关在北，阳关在南，两关雄踞要路，紧紧扼守住西域通向中原的大门。这两个关塞，不仅是汉代军事地理的前沿要塞，也逐渐成为汉人心理上分隔故土与他乡的门户，从而具有了更深远的文化象征意义。东汉班超投笔从戎，驻守西域数十载，晚年思念故土，上书乞归，表文中说："臣不敢望到酒泉郡，但愿生入玉门关。"在他心目中，活着进入玉门关就意味着回到故土，虽然从地理上说玉门关距其故乡扶风仍有数千里之遥，但在中原人的文化心理上，玉门关就是家乡故国的一个门户象征，进入玉门关，就算是回到文化意义上的故乡了。隋唐之后这两关的位置虽然往东迁移了不少，但它们的象征意义一如其旧。人们熟悉的那些诗句——劝君更尽一杯酒，西出阳关无故人；弱水应

阳关遗址

玉门关遗址

无地，阳关已近天；魂迷金阙路，望断玉门关；玉关西望堪肠断，况复明朝是岁除；羌笛何须怨杨柳，春风不度玉门关，等等，无一不将两关视作分隔内外与生死的地理、文化坐标。

经过两千年岁月的磨洗冲刷，西汉时的两关虽然荒废已久，但仍顽强矗立于敦煌西边的大漠戈壁之中，成为难以磨灭的历史印迹和沧桑符号，默默守望着沉寂的古道，一任后人追怀凭吊。

5.屏障与沟通——长城、古道与烽燧

敦煌保存的众多长城、烽燧、古道、驿站遗址，都蕴含着丰富的历史文化信息，是重要的文明遗产。

敦煌从设立建置时起，就肩负着保障西部安全与交通的责任。

阳关汉代烽燧遗址

汉长城

汉王朝将长城从黄河边向西一直筑到敦煌以西的盐泽（今新疆罗布泊），整体处在交通线的北部，并沿长城一线设置烽、燧、亭、障等防卫预警系统，派戍卒兵士日夜守卫斥候，用来阻挡匈奴人马的南下；同时也建立起邮驿系统，让朝廷的政令与西部的军情能够快速传达。这一系列防卫系统的有效运行，极大地保障了西部国土的安全与丝绸之路的畅通。

敦煌汉长城遗址目前保存有近百公里，沿线分布着一百多个烽燧、亭障。城墙烽燧的修筑都是因地取材，用红柳、芦苇等植物与黄土砂石交错分层构筑，结实耐用，历经两千年岁月而不倒，迄今仍逶迤于苍凉广袤的戈壁荒漠之上，堪称奇观。

敦煌的古道，主要有瓜沙道、第五道、玉门道、阳关道、南口道等，分别连接通向西域的南、中、北三道。这些古道上，几千年来，曾经络绎不绝地走过众多的使者、商旅、僧侣与征人，也传递过多种文明。可以说，古代欧亚大陆上最重要的文化传播与交流，无不经由这些古道，而后传扬播散，影响至今。

6. 鸣沙静水共相依——鸣沙山月牙泉

鸣沙山、月牙泉是敦煌最有名的自然奇观。蓝天映衬下，沙山环抱，泉水静卧，相映相依。连绵起伏的沙丘，在这里渐积渐起，形成一座峰峦高耸的山丘，然后又如刀削般陡然坠下，在陡降的沙丘臂弯里，一泓泉水，犹如弯月初升，清澈宁静，给瀚海黄沙带来无穷的清凉与生机。

鸣沙山，顾名思义，这里的沙子不是普通的沙子，而是会鸣响、能发声的沙子。敦煌的沙子真会唱歌？古书记载说，每当天气晴朗之日，沙州士人百姓登上此山，顺着陡峭的沙坡滑下，沙随人堕，便会发出呜呜声，滑的人越多，发出的鸣声就越大，隆隆如雷，连城内都听得到。还有，那些随着人足滑落的黄沙，经过一夜的风吹，天明后又都恢复如初。神奇如此，所以古人又称它为神沙山、沙角山。今人从科学的角度解释，沙漠鸣沙是自然界中罕见的神奇现象。沙山之所以鸣响，一则是沙粒表面由风蚀、水蚀等原因形成多孔状或坑状结构，形成共鸣腔；二则与它所处的环境地形有关，高大的沙丘、复杂的地形、常年的地下水蒸发，形成所谓的壑谷共鸣、蒸汽共鸣、干湿沙层共鸣等条件，各种因素辐辏汇合，当人们从沙山滑下，受外力作用，沙子在运动过程中摩擦、碰撞，产生极微弱的振动声响，经大量的表面空腔共振放大，便形成人耳可闻的沙鸣之声，成为敦煌的千年奇景，被赋予各种神奇的解说。

鸣沙山的沙，颗粒细小如芝麻粒，有灰、黑、红、白、紫等不同的颜色，人称"五色沙"。阳光下展眼望去，起伏连绵的沙丘整体上呈现出一派金黄色，光线沿起伏的沙脊刻画出明暗截然不同的流畅线条。

沙湾之内，便是月牙泉。

鸣沙山怀抱中的月牙泉

月牙泉又称沙井，千百年来，从容静卧于沙丘的环抱之中，一任风沙狂虐、日晒蒸腾，从未被黄沙掩填，也从未干涸混浊。泉水甘美清冽，中有游鱼优哉游哉。敦煌古八景中的"月泉晓澈"，说的正是月牙泉。

鸣沙山环拥月牙泉，千年不颓；月牙泉静枕沙臂弯，亘古常清。山泉相依，沙水共生，这是大自然赐予敦煌的奇迹。

7. 世界地质博物馆——雅丹魔鬼城

敦煌雅丹地貌景区在敦煌市区西边 168 公里处，总面积达 450 平方公里，有世界地质博物馆之称。雅丹地貌是干旱气候区的典型地貌类型，是在十万年以来的风、水合力侵蚀作用下才得以形成的天然地貌。敦煌雅丹类型齐全、形态多样，拥有不同发育阶段的雅丹体。有孑然独立的，有群体出现的。其形状，或如巨轮潜艇，或如雄狮怪兽，或如孔雀、宝塔，或如城堡、丘陵，造型奇特，姿态万千。虽然人们用了"孔雀迎宾""狮身人面""西海舰队"等美好辞藻来命名，却仍不足以刻画它的神异绝妙与鬼斧神工。这里的地表沙砾由于受紫外线照射和高温氧化的作用，呈现出深浅不一的黑色，在它的衬托下，那些黄色雅丹体更显高大威武、立体生动。敦煌雅丹的景象，在一天之中随着光线与角度的不同而变化，以朝霞升起和落日时分最为壮观。当夜幕降临，劲风吹过，气流受不同雅丹体的阻挡，产生振荡，往往发出怪异的声响，"沙声吼如雷，声震数十里"，如万千群魔怪兽齐声吼叫，

敦煌雅丹地貌——西海舰队

摄人心魄，令闻者胆寒心战，因而得名"魔鬼城"。

8. 敦煌艺术的名片——丝路花雨

舞剧《丝路花雨》堪称当代敦煌最美的一张艺术名片。它不是真的名片，作用、影响却胜似名片。这部舞剧，最早在1979年由甘肃省歌舞剧团首创上演，被誉为"活的敦煌壁画，美的艺术享受""中国民族舞剧的典范"。四十多年来，《丝路花雨》剧组曾先后访问数十个国家和地区，演出3000多场次，观众达450余万人次，受到世界各国观众好评。很多人正是通过这部舞剧认识了敦煌。

《丝路花雨》以举世闻名的丝绸之路和敦煌壁画为素材，以

《丝路花雨》剧照　高星伟摄

《丝路花雨》剧照 高星伟摄

精美的舞姿与恢宏的场景，生动演绎了发生在丝路上的中外各族人民相遇相助的悲欢故事。它以辉煌强盛的大唐为时代背景，将丰富多彩的佛国乐舞、百戏和壁画飞天搬上舞台。舞剧融汇了琵琶舞、仙女舞、莲花童子舞、霓裳羽衣舞等千姿百态的舞姿，将千年洞窟中的凝固艺术形象活灵活现地搬演到现实的舞台之上，堪称艺术上的创举。飞天妙曼，花雨缤纷，鲜艳明丽的服饰，配以现代的灯光音乐，营造出美妙绝伦的艺术效果，充分展现了佛国净土的美好，具有浓郁的敦煌地域文化特色和丝路民族风情。2017年起，这部大型情景舞剧在敦煌大剧院常态化演出，使游客在游览莫高窟之后，还可欣赏乐舞的表演，感受敦煌艺术的鲜活魅力。

9. 流光灯影中的陶醉——敦煌夜市

如果说，莫高窟是留给神佛的，鸣沙山月牙泉是留给自然的，长城古道是留给历史的，那么，夜市就是敦煌留给世俗的，是夜晚的敦煌最好的去处。

当似火的骄阳退却到地平线下，夜幕渐落，人们在饱览了神

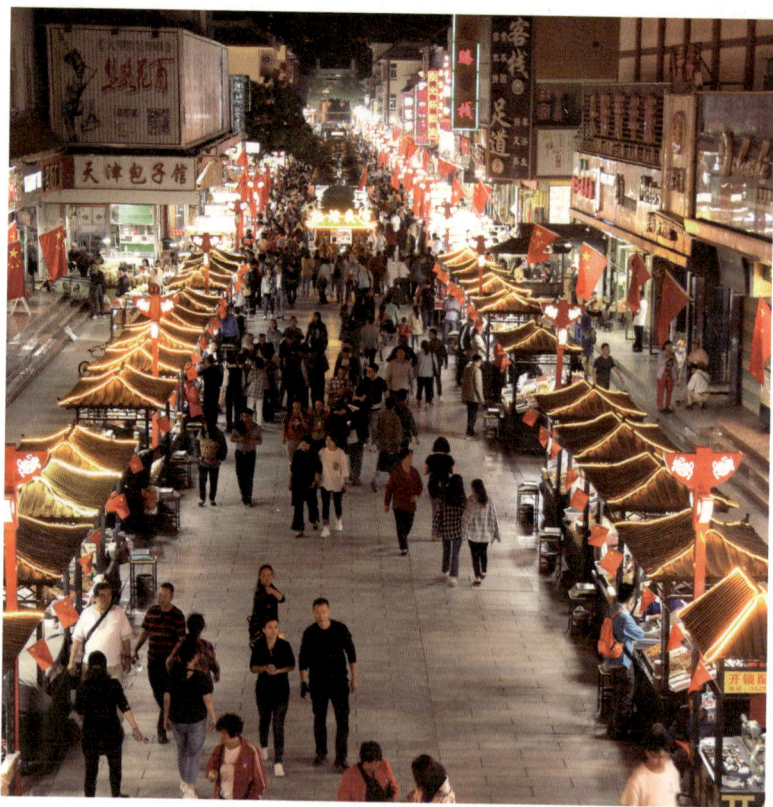

敦煌夜市　唐华摄

圣遗迹与艺术瑰宝之后，从大漠中跋涉归来，拥抱俗世的繁华与热闹。人群放慢脚步，朝着一个方向，渐渐攒簇汇入这条世界上著名的街市，开始享受轻松惬意而又旖旎奔放的时光。夜晚的敦煌，是西北最温馨也最浪漫的一个人间世俗小城。璀璨的灯光，照亮夜空；熙攘的人群，摩肩接踵。人们在一排排的摊档前流连徜徉，鲜活热烈的美食美味，香气扑鼻，分外诱人。水般流淌的琴声，使夜晚在流光溢彩中更添一种迷人的韵调。人流、美食、香气、乐声，组成一个真实而又虚幻的世界，使这街市更显出尘世间的浪漫享乐气息，流连其间的每一个人都陶醉其中，并不知不觉成为这景致与气息的一部分。夜市的烟火、美食和滋味，抚慰了每一颗流浪的心。

敦煌夜市的浪漫，不光是有美食与烟火，还在于它的文艺与学术韵味。不同于其他地方，敦煌的夜市中，还有许多陶醉于手工艺术创作中的人们，他们专注于手中雕刻或描绘着的大漠风光与菩萨佛像，完全不理会游人好奇艳羡的目光。在这熙攘拥挤的街市中，还有着全国唯一一家以专门出售敦煌学书籍而著称的书店。对于那些愿意更深入探索敦煌学奥秘的人，无论是久负盛名的专业研究者，还是乍窥门径的初学者，凡到敦煌，都必来此处寻访探求，也必定会不虚此行，满载而归。

夜市，是敦煌小城最率真的性情流露。

二、认识敦煌

1. 政区与人口

敦煌，是隶属于甘肃省酒泉市的一个县级市。位于甘肃省西北部河西走廊的最西端，甘肃、青海和新疆三省的交界地带，处在东经 92°13′—95°30′，北纬 39°40′—41°40′之间。西连新疆哈密，东接瓜州、肃北两县，南边隔阿克塞哈萨克族自治县与青海省相望。距离省会兰州 1093.2 公里，距离首都北京 2474.8 公里。全市总面积 2.67 万平方公里，其中绿洲面积 1991 平方公里，仅占全市总面积的 7.46%。

全市人口 20 万，其中汉族占绝大多数，少数民族有回、蒙古、藏、维吾尔、苗、满、土、哈萨克、东乡、裕固等 27 个，仅占总人口的 2.2%。

敦煌市下辖 9 镇，分别是沙州镇、肃州镇、莫高镇、转渠口镇、七里镇、月牙泉镇、阳关镇、黄渠镇、郭家堡镇。沙州镇为

秋天的疏勒河

市委、市政府所在地。

敦煌旧城，自汉代始筑，坐落于党河的西岸，绵延续存1800年之久，直到清朝雍正三年（1725年），党河泛滥，洪水冲毁了原有城池，于是敦煌人在党河东岸重又修筑了新城，即今日敦煌市区所在地。旧城从此废弃，以至湮灭。

2. 敦煌的行政建置沿革

敦煌的设立，远在两千多年前的西汉武帝时期。

武帝元狩二年（前121年）打败河西匈奴之后，汉王朝在河西设立了武威、酒泉二郡，敦煌一带归属酒泉郡；元鼎六年（前111年），又分酒泉、武威之地设立了敦煌郡与张掖郡；同时，为保证安全，将长城由酒泉延伸到敦煌的西边，并修筑了玉门、阳关两座关隘，扼守住西域进入河西通往中原的大门，河西四郡从此确立。汉代敦煌郡下辖六县：敦煌、冥安、效谷、渊泉、广至、龙勒，其辖区相当于今天的敦煌、瓜州与肃北的一部分。

西晋后，十六国时期敦煌为沙州治所。北魏初期置敦煌镇，以敦煌为治所。北周改敦煌为鸣沙县，隋初复置敦煌郡，唐武德初改为西沙州，贞观间曾短期称瓜州，旋即恢复沙州之称。

唐代前期是敦煌历史上发展最繁荣的一个阶段，社会安定，生产发展，丝路畅通。安史之乱后，吐蕃政权由东南进攻河西，敦煌在被围困十年后，于德宗贞元二年（786年）陷落，开始了长达七十年之久的吐蕃统治时代。宣宗大中二年（848年），沙州大族张议潮趁吐蕃内乱，率众起义，赶走吐蕃贵族，收复瓜、沙等河西诸州，遣使归唐。唐在敦煌建立归义军政权，使河西地区重归唐王朝统治。敦煌归义军政权先后在张氏、曹氏两大家族掌控下，历经晚唐、五代、宋初，延续传承近200年，直至1036年，西夏政权占领沙州，归义军政权完结。

蒙古军队1227年占领敦煌，于元至元十四年（1277年）复设沙州。明永乐三年（1405年）改沙州为沙州卫。清雍正元年（1723年）设沙州所，后升所为卫。乾隆二十五年（1760年）改为敦煌县。中华人民共和国成立后，敦煌为酒泉地区所辖县一级行政单位，1987年改县设市。

敦煌古八景 清宣宗道光时期编修的《敦煌县志》中,列举出当地最有名的八处景观,合称"八景"。分别是:

两关遗迹　千佛灵岩　危峰东峙　党水北流

月泉晓澈　沙岭晴鸣　古城晚眺　绣壤春耕

这些古景当中,除"古城晚眺"现在已经看不到了,其他景观皆风采依然,而且旧貌换新颜,比过去更加秀美可观,声名远播,影响更大,成为世界知名景观。

3. 地理山川

如果把河西走廊比喻为青藏高原与蒙古高原相遇碰撞前的一个狭长缓冲带,那么敦煌则处在这个缓冲带的西面开端部位。具体来说,敦煌南倚祁连山(俗称南山),北与天山余脉北塞山相连,西面远接塔克拉玛干大沙漠,东有三危山,整个地势呈现南北高、中间低,自西南向东北倾斜的态势。境内水源均来自南面祁连山融化的雪水,有党河、疏勒河两条较大的水系,以及渥洼水(今南湖乡黄水坝水库)、鱼泽(汉效谷县境)、盐泽(汉渊泉县境)三片泽地和今榆林河、大泉河等两条较小的河流。二水、三泽、两小河流分布于平坦的戈壁上,在南山山脉与三危山之间,形成"雪山为城、青海为池、鸣沙为环、党河为带"的盆地式绿洲。全境平均海拔不足1200米,市区海拔1138米。

这里属于典型的温带大陆性干旱气候,年平均降水量不足50毫米,蒸发量却高达2500毫米以上。最高气温41.7℃,最低

祁连山滋养的河西绿洲　唐华摄

气温零下 30.5℃，年平均气温 9.9℃，全年日照达 3246.7 小时。总体来说，这里四季分明，春暖夏热，秋凉冬冷，全年干燥少雨。

4. 敦煌之名的来历

敦煌一名，最早见于《史记·大宛列传》，是司马迁根据张骞报告而记载下来的。东汉学者应劭解释说："敦者，大也；煌者，盛也。"即"广大强盛"之意。唐朝李吉甫撰写《元和郡县图志》，又进一步引申："敦，大也，以其广开西域，故以盛名。"意思是说中原王朝经由敦煌向西拓展，开辟了广大的西域之地，所以用"盛大"为它命名。这种解释十分流行，千百年来得到广泛认同。

不过，近代以来学者对这种说法提出了异议。因为人们认识到敦煌一名其实在汉代设立郡县之前就有了，应是当时原居敦煌族群所用地名的汉语音译，不能简单从汉语字面意义来解释。根据汉之前河西走廊活动过匈奴、月氏、氐羌等民族的史实，学者们提出几种推测，认为敦煌之地名有可能来源于匈奴语、吐火罗语（月氏人的语言）或者氐羌语。其中来源于吐火罗语的说法得到较多认可。

虽然如此，不可否认的是，两千年来，"敦煌"地名的汉语意义早已深入人心，人们将敦煌与沟通西域、开疆拓土联系起来，"盛大辉煌"之含义已经深深印刻在敦煌文化精神当中，成为敦煌最鲜明的历史文化象征。所以，不必纠结于敦煌一名来自何语，在汉语语境中，它就代表盛大辉煌！

5. 历史与人文

| 上古时期的敦煌 |

敦煌历史悠久，人文底蕴深厚。

上古时期敦煌地区就有古人类活动的痕迹。发现于玉门火烧沟的古遗址中，出土有陶器、石器、青铜器及马、牛、羊等动物的骨骼，可知至少在公元前 1600 年前就有人类在河西走廊西部生活，已发展出一定的畜牧业与手工业。玉门骟马城古遗址中也发现有新石器时代的陶器，说明此时生产力已经达到一定的水平。

先秦文献将西北一带的部族笼统称作戎、西戎或允姓之戎，《左传·昭公九年》："允姓之戎，居于瓜州。"《尚书·禹贡》中写道："三危既宅，三苗丕叙。"就记载了西戎部族在敦煌地区趋于稳定有序的生活状态。

敦煌有文字记载的历史，最早可追溯到战国时期。据《史记》《汉书》记载，战国秦汉时期，河西走廊西部的敦煌、祁连一带，有塞种人、乌孙、月氏、匈奴等民族先后在此过着游牧生活。先是月氏强大，击败乌孙，将之赶出河西走廊，又打败匈奴，成为河西走廊的主导力量。秦汉之际匈奴崛起，东败东胡，西创月氏。汉文帝前元四年（前 176 年），匈奴老上单于杀了月氏王，还把他的头骨做成了饮器。经此重创，月氏人离开河西，向西迁徙，一直到达妫水（今阿姆河）以北才定居下来。

| 敦煌郡的设立与丝绸之路的开通 |

匈奴统治河西之后，力量强大，对西汉构成了严重威胁。西汉前期无力反抗，只能采取和亲政策。到汉武帝时，国力强大，开始反击匈奴。

汉代的西域有广、狭两义。狭义的西域，指玉门关、阳关以西，葱岭（今帕米尔高原）以东的地区；广义的西域，还包括更远的中亚、西亚乃至印度半岛、欧洲东部的广大地区。

张骞出使西域图　莫高窟第 323 窟壁画

　　汉武帝为寻求联合大月氏人夹击匈奴，于建元三年（前138年）派遣张骞出使西域。张骞先后两度出使西域（前138—前126，前119年），不仅带回了有关大月氏及大夏、康居、大宛、乌孙等西域国家的社会、经济、物产、地理交通等信息，扩大了中原人的视野，还沟通建立了西汉王朝与西域各国的关系，开通

了中原与西域的陆路交通，揭开了中西文明交流的新篇章，史称
"张骞凿空"。司马迁《史记》中有关西域的记载，包括班固《汉书》
中的相关内容，以及"敦煌"的名称，全都来自张骞所提供的报告。

派张骞出使的同时，汉朝组织军力，与匈奴先后进行了三次
大的战争，其中元狩二年（前121年）的河西战役，霍去病率兵
远征，春夏两次出击，重创河西匈奴，匈奴浑邪王、休屠王四万
余众归降汉朝。西汉先后在河西设立武威、张掖、酒泉、敦煌四
郡，隔断了匈奴与羌人的联盟，沟通了内地与西域的交通。

河西四郡的设立，为汉朝通往西方世界打开了一条重要的通
道。从长安出发，经陇西、固原，西行至兰州，穿河西走廊，前
往我国新疆、中亚、西亚、印度、北非、罗马帝国的通道从此开

沙漠驼队

通。在这条交通要道上，处在走廊西端的敦煌成为控扼东西往来的咽喉之地：由中原出发通向西域的道路，无论是北路，还是南路，乃至后来的中路，都必经敦煌。反之亦然。

19世纪晚期，德国地理学家李希霍芬在其著作中，第一次把这条中西交通道路命名为"丝绸之路"，从此被人们广泛接受运用。迄今，人们不仅习惯称呼这条联结亚欧大陆的古代东西方文明的交汇之路为丝绸之路，还将这一名称应用扩大到其他方面，比如"海上丝绸之路"。

天马的传说 敦煌素有"天马之乡"的称号。史书记载说：汉武帝元鼎四年（前113年），有个南阳人叫暴利长，因罪被罚到敦煌一带屯田。他发现渥洼水边常有野马来饮水，非常神骏。他先做了一个土偶人立在水边，待野马习惯了土偶人，放松警惕后，便自己拿着索绊站在水边，最终捕获野马，进献给武帝，宣称是渥洼水中所出天马。武帝得到这匹天马非常高兴，认为是上天所赐的祥瑞，便写了一首《天马之歌》，其中唱道："天马徕，从西极，涉流沙，九夷服。天马徕，出泉水，虎脊两，化若鬼。"这首《天马歌》是第一首歌咏敦煌的诗。

与天马有关的另外一条记载，说贰师将军李广利征讨大宛，得到汗血宝马。这种宝马长有肉角，能日行千里，夜行八百里，汉武帝也为之作了一首《西极天马歌》。

汉代敦煌渥洼池——今日黄水坝水库

不过,天马到了中原,并不适应那里的生活,它思恋故土,于是挣脱羁绊,只用一天的时间就跑到了敦煌郡的北塞山下,并在晋昌郡(古敦煌境)马蹄谷中留下深深的蹄印。

史书还记载,李广利伐大宛后,大宛国王向汉朝承诺,每年进献天马两匹。这些天马一路东来,进入汉地的第一站便是敦煌。敦煌汉简中,便保留有官府组织"户籍民"在敦煌郡迎接大宛天马的记载。可见敦煌与天马渊源之深。

莫高窟第431窟　马夫与马壁画　初唐

　　为巩固河西，西汉采用移民实边与屯垦的策略，大量迁徙内地民众进入敦煌，这些民众与守边的戍卒一道，开垦土地，开发水利，使当地的绿洲农业得到一定发展，人口也逐渐增长起来。西汉时的敦煌郡，下辖敦煌、冥安、效谷、渊泉、广至、龙勒六县，其辖境包括现在的敦煌瓜州、肃北、玉门及新疆哈密、焉耆、库尔勒、若羌的一部分，总面积约20万平方公里。史书记载，到西汉末期，敦煌郡的人口，达到11200户、38335人。

　　两汉之际，中原板荡，窦融由内地进入河西，联合当地力量，拥兵自保，发展生产，维护了河西的安定富庶，吸引了更多的内地人口。东汉时期，敦煌的军事、政治作用在经营西域与对匈奴

河西走廊上的烽火台　李玉龙摄

战争方面显得更加重要，敦煌太守实际上代行了护西域副校尉的职责，保证丝路南北两道的畅通，安抚保护西域诸国。

|魏晋南北朝时期的敦煌及其文化|

魏晋南北朝时期，中原分裂动荡，战祸频仍，各民族统治者纷纷逐鹿中原，相继建立自己的政权。河西、敦煌地区远离中原，相对安定，许多中原大族迁入河西避乱，河西人口增加，为经济

文化的进一步发展奠定了基础。近四百年的时间里，先后有数个不同的政权据有河西，敦煌依次归属于前秦、前凉、后凉、西凉、北凉、北魏、北周七个统治政权。其间，公元400年汉族李暠于敦煌自称冠军将军、沙州刺史，建立了西凉政权，敦煌第一次成了割据政权的政治中心。这一时期，虽有战乱动荡与政权更迭的影响，但敦煌的社会经济文化比起两汉时期，还是有着非常大的发展。

　　河西走廊地理上偏居西北，与中原之间有着天然屏障，每逢中原战乱之时，安定富庶的河西往往就成为内地民众、世家大族的避难流亡之所。与两晋之际中原人口的大规模南迁相比，由北方进入河西走廊避难的人口虽然没有南迁的那样集中，但实际上也并不少。两汉之际的窦融，西晋末的张轨，是其中最具代表性的。此外还有国家统一迁徙而来的，如前秦苻坚为经营西域，从江汉、中原迁移士族及百姓一万七千余户充实到敦煌。这些进入敦煌、河西地区的人口，不仅为当地输入了大量劳动人手、先进的生产技术，同时也将中华文明的精华带到了这一地区。尤其在少数民族入主中原，北方陷入大乱之时，河西、敦煌地区较好地保存了儒家的文化传统。元初胡三省注《资治通鉴》时就写道："永嘉之乱，中州之人士避地河西，张氏礼而用之，子孙相承，衣冠不坠，故凉州号为多士。"陈寅恪也认为，由于北方少数民族的侵入，魏晋南北朝时的中原汉文化，主要是儒家传统，赖河西一地才得以保存。

敦煌杰出人物　李暠（351—417），西凉政权的创立者。李暠出自陇西李氏，是西汉名将李广的后代。其祖与父皆任职于前凉张轨政权。李暠勤奋好学，博涉经史，长大后兼习武艺，精通兵法。北凉段业时期，先后做过敦煌效谷县县令、安西将军、敦煌太守、领护西胡校尉等。公元400年冬，李暠在敦煌自称冠军大将军、沙州刺史，改元庚子，设官建制，创立政权，史称"西凉"。这是历史上第一个以敦煌为政治中心的地方政权。李暠建立政权后，一方面派兵东征凉州，西击玉门，修筑旧塞，巩固边防；另一方面派人向东晋王朝奉表称臣，以示正统。在辖境内部，实行县、乡、里三级行政管理制度，鼓励农业生产，兴修水利，扩大人口，使敦煌的经济、文化得到发展。405年，为抵御东边的北凉沮渠蒙逊政权，李暠将都城由敦煌迁到酒泉。李暠除注重武功外，也大力提倡儒家思想与文化教育，器重儒学名士与文人，他本人亦擅长诗文。公元417年，李暠卒于酒泉，谥号武昭王。后来的李唐王室自认为是李暠的后代，唐玄宗时追尊李暠为"兴圣皇帝"。

除中原文人学士大量进入河西避难之外，河西本地的文化也处在上升之中。在此主政的地方官员，曹魏时的几任太守如尹奉、仓慈、皇甫隆，以及十六国北朝诸政权的大部分统治者，也大都注重发展经济和文化学术事业。他们一方面鼓励发展农业生产，兴修水利、开垦荒田，鼓励从事丝路贸易，加强民族往来，使敦煌逐步发展为丝路上重要的粮食产地与商业、政治中心；另一方面则提倡儒学，兴办文教，选拔人才，为河西敦煌士人保存和发展自己的家族与家学提供有利条件，遂使河西、敦煌地区的文化在汉代基础上得到迅速发展，出现兴盛繁荣的局面，一跃成为北方的文化中心。

在相对稳定的社会环境下，汉晋时期，敦煌涌现出许多全国知名的文人学士。人称"草圣"的东汉书法家张芝及其弟"亚圣"张昶，就是敦煌人。后世的宋氏、阴氏、索氏、氾氏等，均是以

仓廪进食　敦煌佛爷湾西晋墓壁画

伯牙弹琴　敦煌西晋墓

儒学著称的敦煌大姓。敦煌的儒士，无论在数量组成上，还是学术成就上，在河西地区的学人中都处于领先的地位，其中著名者，如号称晋代"敦煌五龙"的索靖、氾衷、张甝、索绂、索永，以及郭瑀、宋纤、刘昞、索敞、索袭、张穆、阚骃、宋繇、张湛，等等。以刘昞为例，他一生历经河西数个政权的兴衰，但倾心学术经史，著述颇丰，著有《略记》《凉书》《敦煌实录》《方言》《靖恭堂铭》等一百多卷，还注释多种儒家经典，成为当时北方儒学的代表人物之一。敦煌学者的著作不仅在北方广为流传，在全国也有着重要影响。他们还兴办学校，聚徒授业，传播儒家文化，推动了河西地区的文化发展。现代学者陈垣曾说："自汉以来，敦煌文化极盛，其地为西域与京洛出入必经之孔道，实中西文化交流之枢纽。"

在儒家文化得到传承的同时，内地流行的道教也传入敦煌。

子期听琴　敦煌西晋墓

道教本来就是古代民间各种神仙方术的集合体，它在河西与本地民间巫术信仰结合，以方仙道、天师道为主，成为敦煌主要的宗教信仰。前秦、前凉时的大学者郭瑀就是个道教徒。这一点从敦煌、酒泉一带发掘的魏晋墓葬中看得很清楚。如酒泉丁家闸五号大墓，前室顶部及四周墙壁均有壁画，绘制出天上、人间、地下三种境界，以及东王公、西王母、三足乌、羽人等形象，明显地表达出希求得道升仙的愿望。

| 佛教的传播与莫高窟的开凿 |

两汉之际，源于印度的佛教沿丝绸之路经河西走廊传入中国。作为中外文化交流枢纽的敦煌，成为最早接受佛教的地区之一。悬泉置出土的汉代简牍中，有一枚写着"小浮屠里"地名的汉简。据学者研究，这枚竹简的时间约在公元 1 世纪后半叶，可见敦煌在公元 1 世纪就已有不少民众信奉佛教。他们集中居住，形成了聚落，其居住地因此被称为"浮屠里"。这是佛教最早传入河西地区的翔实证据。

魏晋南北朝时，随着中西文化交流的加深，佛教传播更加广泛。西晋时有一位著名的月氏高僧竺法护，世居敦煌，译经布道，人称"敦煌菩萨"。他通晓36种语言，曾游历西域诸国，取回许多佛经，在敦煌、长安、洛阳各地传译。用佛教史家汤用彤的话来说，竺法护是"佛教入中华以来，译经最多"的翻译家。

他的弟子竺法乘也翻译佛经，后来在敦煌一带的影响甚至超过其师。五凉时期，先后有单道开、竺昙猷等高僧，在敦煌修习佛法。来自中天竺的著名翻译家昙无谶，经过西域的罽宾、龟兹、鄯善到达敦煌，在敦煌熟悉了汉语之后，被沮渠蒙逊接到姑臧，主持翻译了《大般涅槃经》《金光明经》等11部佛经，奠定了大乘佛教在河西流行的基础。

在统治阶层支持、世家大族带动及资助下，敦煌及河西地区的佛教迅猛发展起来，信徒众多，绿洲上凡有村舍堡坞之处，多建有寺塔，西来僧侣也往往驻足敦煌，建立精舍，传授

酒泉出土的北凉小佛塔

道业。在这种氛围之下，开始了凿岩开窟的活动。前秦建元二年（366年）沙门乐僔在鸣沙山开凿了敦煌莫高窟的第一个石窟，之后法良禅师又开凿一窟，由此，开启了长达千余年的莫高窟佛教石窟艺术的创建历史。

　　莫高窟早期石窟受印度、西域影响明显，并结合中国传统建筑的人字

莫高窟第 268 窟　禅窟

坡顶，形制以禅窟和中心塔柱窟为主。现存的最早洞窟，就是北凉时期开凿的。北魏、北周时期，由地方统治者主持，开凿了大型石窟。北魏东阳王元荣在敦煌任瓜州刺史二十年，大兴佛教，在莫高窟开凿了一个大型窟。继他之后主政敦煌的北周建平公于义也开凿了一个大窟。在他们的带动下，敦煌民众佛教信仰高涨，掀起了开窟造像的热潮。

莫高窟第 268 窟　西壁

东阳王元荣与莫高窟第285窟 北魏正光五年（524年），敦煌因盛产美瓜被改称为"瓜州"。第二年，北魏宗室、明元帝四世孙元荣被任命为瓜州刺史，后又受封为东阳王。从公元525年到544年的二十年间，元荣一直担任敦煌的最高地方长官，他通过制定宗教文化与行政方面的有效措施，团结地方豪强，保境安民，其间虽然经历了东魏、西魏的分裂，敦煌也没受影响。元荣是个虔诚的佛教信徒，他不仅出巨资请写经生抄写数百卷佛经作为供养，还积极倡导并参与莫高窟的开凿与营建，亲自出资建造了一座大型洞窟。这座洞窟学者考证为今莫高窟第285窟。这是当时莫高窟最大规模的洞窟，非当地一般民众财力所能负担。洞窟壁画的内容极为丰富，其中有许多元素是原来敦煌壁画中所未曾出现过的，有中原南朝的新画风，又有一些来自中原墓葬的神怪画，说明元荣从中原带去了一批新的粉本画稿和工匠。第285窟的开凿，不啻为敦煌佛教史与莫高窟营建史上的一件大事。

隋与唐前期敦煌的发展与繁荣

隋唐是敦煌文化与佛教艺术发展的繁荣时期。

隋朝注重经营西域，大业五年（609年）还举办了史无前例的张掖互市，炀帝西巡至张掖，增进了中原和西域各国的往来。

此外，在统治者的大力提倡下，佛教更加兴盛，三十多年间，莫高窟开凿的洞窟不下七八十个。

唐代建立直至吐蕃占领敦煌之前的 140 多年，是敦煌历史文化发展达到全盛的时期。唐王朝为加强中西文化交流、保障丝路畅通，将敦煌作为经营西域的重要据点。为加强西北的军事防卫力量，唐朝将黄河以西地区从陇右道中单独划出，设置河西道，设立了全国第一个节度使——河西节度使，还将西域南道上的石城镇（新疆若羌）、播仙镇（新疆且末）划归沙州管辖，增加了敦煌的实力；地方行政方面，建立了完备的基层政权组织和户籍管理制度，与内地一样进行管理。武周时期敦煌县有十一个乡，分别是敦煌、莫高、龙勒、神沙、平康、洪池、玉关、效谷、洪闰、悬泉、慈惠，到天宝时期，又增加了寿昌乡和从化乡，共有十三个乡，人口达到六万多。地方政府积极推进府兵制、均田制，组织农业生产，兴修河渠水利，使敦煌地区的耕地面积达到十万

鎏金银长柄香炉

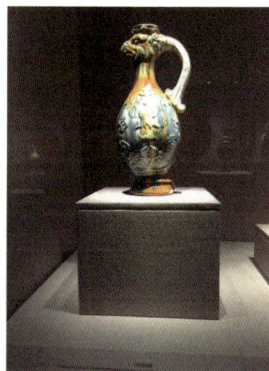

三彩凤首壶

亩，农业生产得到长足发展。这些措施，有力地保障了敦煌地区的政治安定，促进了农业生产与经济贸易。

经过唐前期一个多世纪的开发经营，敦煌的社会经济文化得到长足发展，绿洲垦辟，河渠纵横，村坞相望，店肆林立，呈现出一派繁荣的景象。正如《资治通鉴》所言："是时中国盛强，自安远门西尽唐境万二千里，闾阎相望，桑麻翳野，天下称富庶者无如陇右。"

作为丝路交通往来的重镇，敦煌的发展也体现在国际性商业贸易与文化交流的繁荣上。唐前期国家安定强盛，丝路上往来着欧亚各地的商人、使者、僧侣、士卒，无论是东来还是西往，敦煌都是必经之地，他们在敦煌驻足停留，或补充给养、休憩身心，或售卖货物、传播信仰，还有不少人长居于此，从此成为敦煌的编户齐民。敦煌十三乡之一的从化乡，可能就是这样出现的。那里的居民大多姓康、安、史、何、米、曹、石等姓，是中亚粟特昭武九姓胡人定居敦煌的结果。

敦煌市场上辐辏了来自世界各地的货物，有当地出产的粮食五谷，内地的丝绸瓷器，北方的驼马皮毛，也有西方的金银珠宝、奇货珍玩；流通的货币也多种多样，既有常用的铜钱、金银，亦可见到罗马金币、波斯银币、金花银碗等贵金属硬通货，有时也以物易物。繁华的国际贸易，充分显示出敦煌在丝路贸易与文化交流中的重要地位，使敦煌俨然成为唐代西北华戎所交的一大都会。

敦煌藏经洞出土的祆教女神像

　　唐代前期，疆域广阔，生产发展，文化昌盛，唐王朝以博大的胸怀，大量接收外来文化，并使之有机融合到中国文化的整体当中。处在中西交流枢纽上的敦煌，在这个过程中发挥了独特的作用，也因此更加丰富了自己的文化内容。

　　儒家文化思想占有主导地位，官府设立的州、县两级学校都以儒家经典为教材，忠孝节义是人们普遍奉行的观念与准则。佛教是大多数民众信奉的宗教，营建窟寺、抄经念佛、祈福消灾等宗教活动成为人们日常生活的一部分。来自长安的大量宫廷写经，给这座佛教圣地进一步带来了汉地佛教的影响。因李唐王室尊奉老子李耳为先祖，唐玄宗更是大力弘扬道教，道教在敦煌也有传播，当地建有数座道教宫观。儒释道三教在敦煌融汇并行。

莫高窟的开凿进入高潮。当地大族如翟氏、李氏、阴氏、索氏等，纷纷修建"家庙""家窟"，也带动了当地民众的开窟热情。到武则天时，莫高窟已号称有一千多所窟龛了。敦煌现存的三个大像窟中的两个，即第96窟北大像和第130窟南大像，分别建造于武周和开元时期，显示出唐代佛窟艺术的磅礴气势与极高水平。南、北大像的修建，是莫高窟营建史上的创举，同时也是敦煌及唐王朝繁荣强盛的象征。

吐蕃统治下的敦煌（中唐）

"安史之乱"爆发后，唐王朝为平叛，将河西、陇右及安西四镇的军队调入中原。西北空虚，吐蕃趁机大举进攻，先占陇右，后据河西，于大历十一年（776年）攻陷了除沙州以外的整个河西走廊。沙州军民抵抗了十一年之久，直至贞元二年（786年），在内无粮草外无援兵的困境下，与吐蕃达成"毋徙它境"的条件，开城投降。敦煌历史进入吐蕃统治时期。吐蕃废除敦煌原来的州、县、乡、里制，实行部落制，设立有僧尼部落、行人部落、丝帛部落、通颊部落等，并任用当地豪强进行统治；文化上，推行吐蕃的语言文字、历法，改易服饰，左衽辫发等。吐蕃人信奉佛教，敦煌佛教在这一时期得到发展，寺庙和僧尼数量增加，寺院经济繁荣。莫高窟今存吐蕃时期新开和重建的洞窟近七十个，由此可见当时佛教兴盛的情况。

|归义军时期的敦煌（晚唐五代宋初）|

唐宣宗大中二年（848年），敦煌大族张议潮趁吐蕃内乱之机，率领沙州大族及僧俗民众赶走吐蕃统治者，收复沙、瓜两州，接着以此为根据地，乘胜进军，又收复了邻近的肃、甘、伊等州，至大中五年（851年），收复了除凉州以外的整个河西地区。张议潮在收复沙州后即遣十路使者向唐王朝上表告捷，其中仅高进达率领的一路在两年后到达长安。大中五年，唐朝在沙州设置归义军，统领瓜沙等十一州，任命张议潮为归义军节度使。敦煌及河西在脱离中原政权数十年后，终于又重新回归中原政权怀抱。

晚唐时期的归义军政权，一方面在军事上继续与吐蕃及周边力量进行斗争，另一方面迅速恢复唐制，重建乡里制度，调整土地，登记户口，鼓励生产，发展经济，提倡儒家文化，得到敦煌民众的拥戴。归义军力量最盛时，"西尽伊吾，东接灵武，得地四千余里，户口百万之家"，敦煌重新成为唐代西北地区的军政中心。唐懿宗咸通八年（867年）张议潮被召入长安，其侄子张淮深接掌归义军。由于内部权力纷争，张淮深于890年被杀，归义军政权相继由张淮鼎、索勋、李明振、张承奉实际掌控。唐朝灭亡后，张承奉自称"白衣金山天子"，建立了一个短暂的"西汉金山国"，很快去掉帝号，改称"敦煌国"。所辖的土地也渐被周边的回鹘占去，归义军政权力量逐步衰弱。

敦煌杰出人物　张议潮（799—872），是敦煌历史上杰出的代表人物。张氏郡望河南南阳，其家族很早到达敦煌，累世居于沙州，成为当地大族。他祖父张季曾任过唐北都节度留守，支度、营田、转运使等职。父亲张谦逸在吐蕃统治时曾任过都督。张议潮成长于吐蕃统治之下，深深感受到吐蕃统治的残暴与民族压迫的痛苦，受家庭影响，对盛唐充满向往。成年之后，他私下里积极结交敦煌当地的豪强士族与僧俗名流，图谋大事。唐宣宗大中二年（848年），趁着吐蕃政权内部发生动乱，控制河西陇右的力量大为削弱的机会，张议潮联合敦煌当地各族民众，齐心协力赶走了吐蕃统治者，收复沙州，并一鼓作气夺回了瓜州。他派遣了多路使者绕道前往长安向唐王朝报捷，其中只有高进达带领的一路于851年初才辗转到达长安，将收复瓜沙的消息传到唐朝，令整个唐王朝大受鼓舞。而这期间，张议潮已经率领敦煌军民又乘胜收复肃、甘、伊等州，光复了被吐蕃占领近百年的河西大半地区。当年年末，唐王朝在沙州设立归义军，任命张议潮为节度使，统领瓜沙等十一州。张议潮带领河西军民巩固战果，于861年收复凉州，恢复河西全境，重新打通了丝路。同时也积极发展生产经济，努力恢复唐朝的各项制度。归义军势力强盛之时，拥有六郡之地，辖境东起灵武、西至伊吾，土地四千余里，户

莫高窟第 156 窟　张议潮出行图

口百万之众。唐王朝担心归义军力量过大难以掌控，便
于咸通八年（867年）招张议潮入京，任以高官，赏赐
宅地，将他羁留在长安。沙州归义军的权力由其侄张淮
深执掌。咸通十三年（872年），张议潮卒于长安宣阳
坊的私第。莫高窟第156窟是张议潮的功德窟，窟内东

壁、南壁及北壁下部,绘有《张议潮统军出行图》及《宋
国河内郡夫人宋氏出行图》,并绘有其家族众多的供养
人像。这些洞窟与壁画,形象展现了张议潮率众起义、
收复敦煌及河西地区的历史过程及其丰功伟绩。

公元914年后，敦煌大族曹议金接掌归义军政权，开始了曹氏归义军时期，先后有曹议金、曹元德、曹元深、曹元忠、曹延恭、曹延禄、曹宗寿、曹贤顺八位统治者，历经五代、宋初，政权存续一百余年。不过这时归义军所实际控制地区已大大缩小，仅余沙、瓜两州。为在"四面六蕃围"的环境中图得生存，曹氏始终奉中原为正朔，不断遣使向五代政权朝贡，保持与中原王朝的藩属关系；同时也通过联姻的方式，与甘州回鹘、西州回鹘、于阗等少数民族政权建立了良好关系，保持了治内地区多年的相对稳定，使得归义军这个偏居于走廊西隅的小政权，得以在五代、宋初西北复杂的民族关系中生存、发展；同时还为中原与西域各政权间的相互往来提供中转和便利。敦煌文献中记载不少经由丝路往来中原西域间求法、传法的僧人曾经驻足敦煌的史实，以及西域政权随同敦煌使节一同朝贡中原王朝的记录。曹氏归义军在曹元忠执政期内达到鼎盛，曾大开佛窟，于莫高窟、榆林窟开窟造像，靡费了大量钱财。曹氏政权到宋仁宗景祐三年（1036年）被西夏灭亡。

敦煌归义军时期的近二百年中，佛教继续保持强劲的发展势头。当时有十七所佛教寺院，僧尼数量达到一千多人，佛教教团势力庞大，莫高窟的兴建开窟活动长盛不衰，张氏归义军与曹氏归义军都曾出资开凿大型洞窟，既有祈福报恩、积累功德之目的，同时兼具宣示权力与炫耀门庭、彰显家族的功用。世家大族也纷纷效仿，竞相开窟建寺，敦煌成为西北地区的汉化佛教中心，佛学研究与藏经方面都代表了当时西北的最高水平，并对西州和于阗产生了影响。现今所存归义军时期洞窟尚有一百多所。

敦煌杰出人物　曹议金（？—935），是五代时期继张承奉之后的敦煌归义军节度使，归义军曹氏政权的开创者，又称"托西大王""令公大王"。早期文献中称作曹仁贵，后皆称曹议金。出身敦煌大族，是敦煌归义军第一任节度使张议潮的外孙女婿、第三任节度使索勋之婿。他于914年后取代张氏，掌握瓜、沙归义军政权，实行了较张氏时更加灵活开放的政策，促进了以敦煌为中心的多民族交往，使敦煌归义军政权在唐朝灭亡后的动荡局势中很快稳定下来，在获得中原王朝后梁、后唐、后晋等政权认可的同时，亦与周边少数民族政权保持了良好关系。他曾娶甘州回鹘可汗之女为妻，又分别将两个女儿嫁给敦煌东、西部的甘州回鹘可汗和于阗国

唐代悬幡

主李圣天。曹议金在位 21 年，935 年去世。莫高窟第 98 窟为其功德窟，规模宏伟，内容丰富，供养人众多，充分反映了曹氏家族力量之强盛。曹氏归义军政权传承八王，历经五代宋初，统治敦煌一百二十余年。学者多认为曹氏并非汉族，而是久居敦煌的粟特人。

西夏与元明清时期的敦煌

党项族建立的西夏势力崛起后，11 世纪初向河西走廊发展，数年之间，西攻吐蕃、回鹘，夺取了凉州、甘州、瓜州等地。宋景佑三年（1036 年）攻占沙州，消灭了曹氏归义军政权，开始了长达近两个世纪的西夏统治时期。西夏对河西及敦煌实施州、县两级管理，继续提倡佛教文化，莫高窟、榆林窟、东千佛洞、西千佛洞等处窟中存有西夏开凿的洞窟近八十个。

蒙古帝国兴起后，成吉思汗率大军六征西夏，于 1227 年攻破沙州城，由此占领了西夏设置在河西走廊的最后一个重镇。沙州被封给拔都作为封地。元朝建立后，设立行省制度管理全国，敦煌被收归中央直接管理，1277 年正式设立沙州，先隶属于甘肃行省肃州路，后又升为沙州路总管府，下领瓜州，实行屯田。这一时期，由于蒙古人信奉佛教，同时也提倡儒家思想与道教，莫高窟的开凿兴建并未受到太大影响。

明朝于太祖洪武五年（1372 年）夺取河西走廊。为防卫西北的蒙古势力，明成祖永乐元年（1403 年）在凉州设立甘肃镇，永乐三年（1405年）在甘肃镇下设立沙州卫，驻敦煌，作为走廊西端保护关外政权的朝贡使者及提供信息的一处军事机构。后因明政权无力统治，废除沙州卫，沙州遂为吐鲁番部所占领。明世宗嘉靖七年（1528年），明政府徙关外汉人于关内，封闭嘉峪关，瓜、沙二州被弃关外，往昔的绿洲绣壤彻底成为游牧之地。

从中西交通与文化交流的角度来说，原本经由敦煌的陆上丝绸之路，自宋以来已渐失其重要性，元代又有草原之路取而代之，明朝时中西交通全然断绝，敦煌原有的丝路咽喉地位不复存在。同样，在敦煌流行传播了一千多年的佛教文化，由于信奉伊斯兰教的吐鲁番部的占领，也从此中断传承，莫高窟等佛教窟寺在岁月长河中渐被世人遗忘。

清朝建立后，于世宗雍正元年（1723年）重新设立沙州所，后升格为沙州卫，1726年又从甘肃的56个州县中移民2400多户到沙州进行屯垦，使得沙州的绿洲农业有所发展。1760年设立敦煌县，迁移大批民众至瓜沙地区，垦荒屯田，发展农业，当地社会经济文化得到一定程度的恢复。但由于地理位置的偏僻与经济生产的局限，敦煌曾经拥有的丝路咽喉地位与汉唐时期的文化繁荣景象不复再现。

三、名胜古迹点将台

敦煌是我国顶级的旅游文化资源富集区域，拥有众多的荣誉称号和头衔，如"中国最具国际影响力旅游目的地""最具人气旅游目的地""感动世界的中国品牌城市之一""国际知名旅游目的地"，以及中国旅游王牌景点的"五绝"之一，等等。

1. 敦煌重要旅游文化资源概览

世界文化遗产 3 处：敦煌莫高窟、玉门关遗址、悬泉置遗址。

全国重点文物保护单位 4 处：莫高窟、玉门关遗址、悬泉置遗址、敦煌境内长城。

省级文物保护单位 12 处：阳关遗址、沙州城遗址、寿昌城遗址、马圈湾遗址、祁家湾墓群、西土沟墓群、佛爷庙—新店台墓群、白马塔、敦煌汛卡、河州堡遗址、敦煌南仓、敦煌市西云观。

敦煌还拥有世界地质公园 1 处、国家沙漠公园 1 处、国家级水利风景区 1 处、国家级自然保护区 2 处，等等。

国家非物质文化遗产 1 项：敦煌曲子戏。

省级非物质文化遗产 13 项：敦煌彩塑制作技艺、敦煌水晶眼镜制作技艺、敦煌艾灸、敦煌壁画故事、敦煌木雕、敦煌民间传说、敦煌石粉彩绘技艺、敦煌古乐器制作技艺研承、敦煌艺术—舞蹈技艺研承、敦煌剪纸、敦煌民歌、敦煌艺术—美术技艺研承、敦煌艺术—音乐技艺研承。

2. 敦煌旅游线路概览

| 敦煌西线景区 |

敦煌影视城（敦煌古城）—西千佛洞—阳关—西湖国家级自然保护区—河仓城—玉门关—汉长城遗址—马圈湾遗址—雅丹世界地质公园

| 敦煌东线景区 |

敦煌莫高窟（敦煌研究院院史陈列馆—敦煌石窟文物保护研究陈列中心—党河—三危山）—鸣沙山月牙泉（敦煌民俗博物馆—敦煌历史博览园—雷音寺—月牙泉小镇）—景观大道

| 敦煌南线景区 |

肃北五个庙石窟——个庙石窟—敦德冰川（延至肃北境内）

| 敦煌东北线景区 |

悬泉置遗址—瓜州草圣故里—榆林窟—锁阳城遗迹—瓜州东千佛洞—昌马石窟（此线路延至瓜州境内）

| 敦煌市内景区 |

敦煌夜市—敦煌市博物馆—敦煌大剧院—党河风情线—文博会会展中心—西云观

3. 敦煌市文体广电和旅游局推荐旅游线路

| 一日游行程 |

线路一：莫高窟—鸣沙山月牙泉

线路二：敦煌影视城（敦煌古城）—西千佛洞—阳关—玉门关—汉长城遗址—雅丹世界地质公园—敦煌夜市

| 二日游行程 |

第一天：莫高窟—鸣沙山月牙泉—敦煌大剧院

第二天：敦煌影视城（敦煌古城）—西千佛洞—阳关—玉门关—汉长城遗址—雅丹世界地质公园—敦煌夜市

| 三日游行程 |

第一天：莫高窟—鸣沙山月牙泉—敦煌夜市

第二天：敦煌影视城（敦煌古城）—西千佛洞—阳关—玉门关—汉长城遗址—雅丹世界地质公园—敦煌大剧院

第三天：东千佛洞—榆林窟—锁阳城遗迹—悬泉置遗址—草圣故里

来敦煌与在敦煌

菩萨像

敦煌彩塑代表作之一。盛唐时期。位于莫高窟第 205 窟佛坛南侧。该菩萨像呈游戏坐姿，一腿下垂，一腿横搭，姿态自然，比例协调。塑像面部有残破，双臂残去，上身璎珞饰物等亦已不存，其余保存较好。塑像上身形体端庄健美，宽肩细腰，肌肉饱满紧实，富有弹性。下身裙衣经氧化后呈青黑色，更显劲健有力。下身裙衣随体覆盖了整个莲台，花色绚丽，衣褶流畅，富有质感，显出华贵典雅的气派。

世界上任何传说中神奇的地方，只要去过一次便不再神奇。但唯有敦煌，在你造访之后，心里的感觉反倒更加神奇。

——冯骥才

一、行前准备

前往敦煌旅游，事先一定要作好行程规划。这些规划大致包括以下几个方面：

1. 选择出行季节

敦煌地处西北内陆，属温带大陆性气候，季节分明，昼夜温差大。旅游旺季气温适宜，但人群密集；旅游淡季虽然天气寒冷，但是旅游人群较少，不仅参观门票半价，敦煌市内的宾馆饭店也实行半价。一般情况下，4—11 月间来敦煌旅游能够有最好的体验，但是淡季期间有许多优惠，尤其利于参观莫高窟。因此，游客可以根据自身的需求与时间选择适合自己的出行时间。

2. 准备物品

敦煌干燥少雨，白天日照强烈，日夜温差大，出行者需要准备下列用品：

（1）防晒保湿用品，如防晒眼镜、太阳帽、丝巾、防晒口罩、水壶、保湿化妆用品及一些外用软膏、润喉片、清凉油等药物。

（2）御寒衣物，根据季节可选择携带外衣、毛衫等。

（3）预防日常感冒与消化不良的常备药品，以及创可贴等。另外，西线路途较长，可适当带点零食和饮料备用。

3.选择出行方式

可以选择自驾游，也可以选择乘坐高铁、普通列车、长途汽车以及飞机等不同出行方式。

自驾游：需要准备沿线地图、当地地图、测胎压仪器、导航仪、饮用水、食物、防晒品等；西北地区景点间距离长，公路沿线风景较为单调，自驾旅行请务必注意行车安全，切勿疲劳驾驶。

乘坐长途汽车：需要准备沿线地方的发车时刻表、地图、饮用水、防晒品、衣物等。

旅行社跟团出行：为免除规划线路、购买门票及预订住宿等烦劳杂事，还可以选择口碑较好的旅行社跟团出行。

4.选择住宿方式

可选择高档酒店、舒适型酒店、青旅、民宿、露营基地等不同类型的住宿方式。

5. 预约门票

莫高窟景区：实行限额预约售票、实名取票。分旺季、淡季两种。旅游旺季请提前一月预约。

榆林窟、西千佛洞：可关注"莫高窟参观预约网"微信公众号预约购票。

敦煌莫高窟购票预约网址：http://www.mgk.org.cn/ticket

其他景区购票：可在旅游服务网站购票或现场购票，一般不需要预约。

二、交通与出行

1. 民航

敦煌莫高国际机场：位于敦煌市莫高镇,距离敦煌市13公里,距离莫高窟15公里。该机场1982年7月建成通航,地处兰州、乌鲁木齐两大省会机场航路中心,是国内重要的旅游机场。累计开通航线22条,通航城市包括北京、上海、天津、成都、西宁、兰州、广州、乌鲁木齐、郑州、南京、杭州、昆明、长沙、西安、武汉、银川等大中城市,建立起"早、中、晚"出行时刻的兰敦空中快线以及"兰州中转,通达全国"的航线网络格局。2019年开通香港至敦煌往返旅游包机服务。2019年12月开通敦煌至柬埔寨（暹粒）国际航班。具体航班信息请咨询机场售票处，或查阅各航空公司网站和旅游网站。

公交巴士：敦煌机场出站西侧，30分钟一班，末班车至18：00。

市区至机场巴士始发站：丝路怡苑大酒店（敦煌市环城东路10号）门口

敦煌的酒店一般都提供接机服务，请提前联系。

2. 铁路

敦煌火车站位于敦煌市莫高镇，距离敦煌市区12公里，该站始建于2006年。2008年，敦煌铁路正式实现全线开通。从此乘火车去敦煌的乘客不再由一百多公里外的柳园中转而能直达敦煌。敦煌铁路是甘肃省境内唯一的一条旅游专用线路。2019年7月兰州往返敦煌首趟高铁建成投入运行，敦煌正式纳入全国高铁网。兰州到敦煌列车运行时间由原来的13小时缩短到8小时左右，嘉峪关至敦煌由原来运行5小时缩短到2小时左右。

敦煌火车站下车可乘坐3路公交车或出租车到达市区。

铁路订票请登录12306中国铁路官方网站。

3. 长途汽车

境内有连霍高速公路和柳格高速公路过境，县乡公路可直达各个景区。

敦煌汽车站位于敦煌市三危路，每天有定时发往酒泉、玉门、嘉峪关、西宁、哈密、双塔、永昌、瓜州、古浪、茶卡、赤金、桥湾、星星峡、阿克塞等市、县、乡、镇的客车。

4. 市内交通

敦煌市内交通主要由公交线路、出租车和旅游包车服务构成。

公交线路 5 条：

1 路公交车：盘旋路北口→吕家堡乡，共 11 个站点。

2 路公交车：市医院→东坪小区，共 28 个站点。

3 路公交车：惠泽园→月牙泉景区，共 19 个站点。

4 路公交车：新中医院→终点汽车站，共 19 个站点。

敦煌饭店→火车站→莫高窟数字展示中心的公交车。

敦煌丝路怡苑大酒店→莫高窟数字展示中心专线公交车。

旅游包车服务请咨询住宿酒店问讯处。

三、住宿

感受敦煌的温情与自在，从舒适的住宿开始。敦煌全市共有宾馆饭店近 160 家，总床位约 2.7 万张，其中星级宾馆 24 家。敦煌的酒店富有个性，风格多样，选择余地较大，可以满足不同的住宿需求。游客可通过各大电商平台及旅游网站查询。

1. 敦煌酒店概览

敦煌星级酒店一览表

酒店名称	酒店地址	联系电话	星级标准	涉外
敦煌万盛国际饭店	敦煌市沙州北路 13 号	0937-8899988	五星	是
敦煌阳光沙州大酒店	敦煌市阳关中路 1339 号	0937-8862999	五星	是
敦煌国际凯莱大饭店	敦煌市阳关东路 6608 号	0937-8887666	五星	是
敦煌丝路怡苑大酒店	敦煌市文昌南路 6 号	0937-8823807	五星	是
敦煌华夏国际大酒店	敦煌市敦月路中段	0937-8887110	五星	否
敦煌福华国际大酒店	敦煌市阳关中路 16 号	0937-8863188	四星	是
敦煌宾馆	敦煌市阳关中路 151 号	0937-8859128	四星	是
敦煌天宇大酒店	敦煌市阳关中路 1879 号	0937-5958688	四星	是
敦煌富国酒店	敦煌市阳关中路 1785 号	0937-8818332	四星	是
敦煌艾斯汀酒店	敦煌市阳关中路 2190 号	0937-8800888	四星	是
敦煌富丽华国际大酒店	敦煌市阳关中路 2276 号	0937-8898888	四星	是
敦煌山庄	敦煌市敦月路鸣沙山附近	0937-8882088	四星	是
敦煌天润国际大酒店	敦煌市鸣山路 309 号	0937-8818888	四星	是
敦煌飞天大酒店	敦煌市鸣山北路 15 号	0937-8853888	四星	是
敦煌国际大酒店	敦煌市鸣山北路 827 号	0937-8852200	四星	是
敦煌中维金叶宾馆	敦煌市鸣山北路 1022 号	0937-8853338	四星	是
敦煌西湖公馆	敦煌市鸣山北路 1331 号	0937-8816999	四星	是
敦煌太阳温泉酒店	敦煌市迎宾大道中段 1 号	0937-8868688	四星	是
敦煌莱雅庄精品酒店	敦煌市环城南路 11 号	0937-8892882	四星	是
敦煌太阳大酒店	敦煌市沙州北路 5 号	0937-8829998	四星	是
敦煌河西走廊大酒店	敦煌市党河西路南 466 号	0937-8868888	四星	是

酒店名称	酒店地址	联系电话	星级标准	涉外
敦煌驼峰国际大酒店	敦煌市党河东路天沁家园1086号	0937-5936999	四星	是
敦煌维景酒店	敦煌市祥云路159号	0937-8883333	四星	是
敦煌新泰大酒店	敦煌市七里镇215国道南侧	0937-8699777	四星	是

此外，近年有几家新开酒店很有特色，尚未评定星级，附列如下：

酒店名称	酒店地址	联系电话	星级标准	涉外
敦煌东驿酒店	月牙镇花雨东路1299号	0937-8897777		是
敦煌碧玥酒店	七里镇景观大道12999号	0937-8811118		是

敦煌酒店的住宿价格，根据其星级标准、酒店级别，尤其受旅游淡、旺季等因素影响，会产生相应的上下浮动。每年淡季（12月1日—3月31日）酒店住宿半价。具体价格请参考网络电商平台所发布信息，或咨询酒店前台服务人员。

敦煌宾馆

敦煌宾馆文化宴

2. 沙漠露营

野外露营是最富吸引力的旅游体验之一，也是夏日敦煌旅游值得尝试的住宿选择。露营于鸣沙山后山的沙漠腹地，可以观赏大漠日出日落、斗转星移，在沙漠中滑沙、骑乘越野摩托，参加篝火晚会，以及烧烤、沙漠夜场 DJ 狂欢晚会等餐饮娱乐活动。目前，敦煌露营基地发展较成熟，有几十家基地可供选择，提供接送服务。请结合自身兴趣及电商平台评价信息慎重选择。

参加沙漠露营，请注意露营期间的安全。

3. 青年旅社

青年旅社主要为中青年朋友提供便捷服务，包括国际青年旅社和普通青年旅社两种。

国际青年旅舍是指在国际青年旅社官方网站（YHA）注册的酒店，游客可直接在 YHA 官方网站预订房间。普通青年旅社可在各大旅游网络平台预定。青年旅社以入驻快捷、房价亲民等优势，成为青年人旅行住宿的重要选择。

4. 民宿

如果喜欢结识新朋友，对酒店规格没有严格要求的人可以选择这类住宿。敦煌民宿一般在装修及软包方面有独特的设计，可以满足不同人群的入住体验。这类住宿重点打造公共区域，并设有家庭房，天南地北的人可以在沟通交流的同时体会当地民情。

在敦煌城区及城区周边，尤其是靠近景区的沙洲镇、月牙泉镇一带有不少新建民宿，距景区较近，住宿条件良好。

四、美食

到敦煌旅游，与莫高窟、鸣沙山月牙泉一样令人期待的，还有享誉丝路的美食美味。旅游的魅力，不仅在于可看可感的美景，也在于能品尝不同的美食。美食能让他乡变成故土，让漂泊落地生根，也让生活充满滋味，丰富多彩。

1. 敦煌饮食的特色

敦煌的区位、气候与出产，决定了这里的饮食品种与口味特点。大体而言，敦煌的饮食习惯与西北各地基本一致，如喜面食、吃牛羊肉较多，口味上偏好咸、鲜、酸、辣等。不过，敦煌饮食在具备上述特色外，也有其独具之处，所出食材特色鲜明，制作手法多样，善于吸纳融汇不同饮食文化的长处而创出适应本地口味的新品。其中，驴肉黄面、红柳烤肉、胡羊蒸饼等特色菜肴极富代表性，做法独特，味美难忘。肉食以牛、羊、猪及驴肉为主，清煮、焖炖、烧烤，做法各异。敦煌的家常菜、小吃、野菜、各色面食、特色饮品、香炸油果，形态各异，别具一格。

敦煌还出产各色水果及干果，种类繁多，品质优良。鲜食以外，亦可做成各种甜品、饮料，风味悠长。

敦煌特色风味饮食，过去有"八大怪"之说，用七言韵文概括出当地的八种特色饮食，读来朗朗上口，饶有趣味：

第一怪：香水梨要放黑卖

第二怪：驴肉黄面拽门外

第三怪：浆水面条解暑快

第四怪：风干馍馍掰开晒

第五怪：三九锁阳人参赛

第六怪：酒枣新鲜放不坏

第七怪：罗布麻茶人人爱

第八怪：榆钱也是一道菜

以上"八怪"，极形象地概括描述了敦煌当地出产的八种食品的特点、制作及效用，比如香水梨要"放黑"才好吃；"拽门外"形容拉制黄面的情形，极言其长与其弹；"解暑快"点出浆水面的特点及食用季节；其他如晾晒馍馍，三九时节采挖锁阳，秋末腌酒枣，春季食鲜榆钱，以及喜饮罗布麻茶等等，不仅可见其特色物产，亦可从中看出当地民众的生活节奏与风习。

当地流传的相关俗语还有："碱滩的羊，沙漠的瓜，李广杏子，罗布麻；三九锁阳，七月的茶，风干馍馍，五色沙。"说的也是敦煌八怪，更加简洁精要。

2. 珍馐美馔肉当先

敦煌自古以来是游牧文明与农耕文明的交汇之地，农产品与畜牧产品均很丰富，民众的饮食习惯也兼受两种文明影响，牛羊肉是餐桌上最常见的美味佳肴。其实，在古代中国人的肉食种类中，羊肉最普遍也最受欢迎，其地位要远高于猪肉，国人以猪肉为主要肉食来源的时间较晚，大约在明清时代。敦煌为农耕游牧结合地带，当地食用牛羊肉的历史自是十分悠久，敦煌壁画中就有相关表现，如莫高窟第 249 窟的狩猎图中，绘制出猎人策马狩猎，群鹿、野牛、野猪在山林中奔跑逃逸的情景，可视为画匠对

莫高窟第 249 窟的狩猎图

夜市烧烤

实际生活中捕猎野兽情形的写照；还有一些屠宰和出售肉食的画面，如第 85 窟、61 窟中绘制的肉铺图、卖肉者图等，更直接反映了敦煌先民买肉食肉的具体场景。敦煌文献中不仅有不少当地人食用牛羊肉的记账单，还有肉食制作方法的记载。法藏 P.3284 写本中甚至还保留下一份婚宴菜单，其中包括许多野味肉食。

特别要说明的是，敦煌的牛羊肉无论采用何种烹饪方法，都没有膻腥气味，尽可放心食用。为何这样呢？我们从俗语特别强调的"敦煌味道碱草羊""碱滩的羊"中，可以看出一些端倪。敦煌的羊生长于祁连山下的天然牧场，食用牧草品种多样，像芨芨草、大黄、野蒜、沙葱、蓬蒿、麻黄等等，而戈壁盐碱滩中的盐碱成分及某些矿物元素，能很好地抑制羊肉膻味，天然放牧又使羊肉肉质紧实，更加鲜美。

时至今日，敦煌人制作和食用牛羊肉的方法较之古人当然更胜一筹，其种类更加丰富，口味更加多样。粗略而言，羊肉的做法，不外乎烤、煮、蒸、涮、炒、焖数种，口感、味道各不相同。下面略举数例加以具体介绍。

| 红柳烤肉 |

烤羊肉串是最受欢迎
的做法之一。通常的烤法，
是将新鲜羊腿肉切片，串
在铁签或竹签上，架在炭
火炉上烤制，刷上调配好
的油料，撒上孜然粉、辣
椒面、食盐等调味料，烤

烤肉

至羊肉变色，内里油气外冒，外表略泛焦黄，发出滋滋响声，便
可大快朵颐了。烤羊肉的肉质鲜嫩，香气浓郁，瘦肉脆嫩，肥肉
香滑，趁热吃来，鲜美无比。

同样是烤羊肉，敦煌人还就地取材，选用当地盛产的红柳枝
来替代常用的竹签、铁签，羊肉则切成麻将大小的肉块，而非一
般的薄片，腌渍入味后，再搭配肥瘦，串在红柳枝上加以烤制，
然后刷油、撒上各种佐料。这样烤出的羊肉，在充分保留羊肉本
身的鲜嫩与美味的同时，还吸收了红柳枝的天然清香，吃起来别
增一种风味。

| 烤全羊 |

烤全羊，顾名思义，是将整只羊放在特制的炉上烤制而成。
这是烤羊肉的最高级别了，既有羊只大小标准的要求，还有烤制
条件与火候技术的要求。烤好的全羊，外形完整，背上腹下平铺
于金属烤架上。外皮金黄油亮，香脆爽口；内里肉嫩软滑，清香

烤全羊

扑鼻。看起来吃起来都十分过瘾。配上清爽解腻的几道小菜，更是美味非常。这是敦煌人招待贵宾、家庭重要聚会或朋友聚餐的隆重选项。不过，要吃烤全羊，需要提前数小时预订，因为数量有限，而且烤制本身也需要 3 小时以上。一只完整的烤全羊可供 6—10 人品尝。

除了经典的烤羊腿肉以外，一般的烤肉店往往还烤制羊排、羊尾、羊肚、羊腰、脆骨、羊皮、羊筋等其他部位的肉品，调料不同，味道各异，香辣酸咸，滋味皆备。同时为搭配和调节口味，还会烤制各种蔬菜和其他肉类，如茄子、青椒、土豆片、年糕、海带、韭菜、豆皮、蘑菇，以及鸡、鱼等，品种繁多，可满足不同人群的不同口味。

手抓羊肉

作为西北羊肉吃法中最基本也最豪放的吃法，手抓羊肉是最能够体现出羊肉原味的一道菜肴，放最少的调料，品最纯的味道。要选择新鲜且肥瘦适中的羊肉，太肥则过于油腻，太瘦则口感发柴而不香滑。大片羊肉带骨煮熟，剁成长条，分为肋条、腿、头、脖等不同部位售卖。一般来说，肋条最受青睐，肥瘦相宜，肉质软烂，入口滑爽鲜香。豪放的吃法，是将羊肉抓在手里，蘸点椒

手抓羊肉

盐，就着大蒜瓣，不必顾忌形象，只管尽情大嚼，保管酣畅！

| 糊羊肉 |

糊羊肉的制作工序复杂，要取煮熟的羊肉的软肋条部分，切成长条，在碗中摆出造型，加入葱、姜，撒上胡椒粉、味精，加入羊肉汤蒸制后，再将玉兰片、木耳下锅勾芡，淋上热油，倒入蒸好的羊肉中，一道糊羊肉便做好了。糊羊肉口感独特，肉烂软嫩，色香味俱全。

| 羊肉垫卷子 |

羊肉垫卷子是河西地区的特色菜肴，将带骨羊羔肉用清油爆炒，加入葱姜蒜、花椒等调味品，加水炖至羊肉八成熟，将和好的面擀成薄片，涂上清油，卷成花卷状，切成小段，放到肉上，上锅与肉一同焖熟。羊肉软烂，汤汁浓郁，面卷入味而不失弹劲，是地道的河西美食。

胡羊焖饼

北饮食的豪放。

| 胡羊焖饼 |

胡羊焖饼则是另一道将羊肉与面食结合的特色菜。这里说的饼，并不是通常所说的发面或烫面所做的圆状饼，而是一种宽面条。将擀好的面切成宽约 5 厘米的长条，覆盖在炖到八成熟的羊肉上面，上锅继续焖熟而成。肉质软烂，面饼入味。羊肉还可以蘸着椒盐，就着大蒜食用，体会大西

| 羊肉粉汤 |

羊肉最简单的烹饪方法便是清炖，羊肉粉汤是品味原汁原味羊肉的最好吃法。经过长时间的炖煮，羊肉连同骨头的营养都渗

羊肉粉汤

入到汤里，汤色清白，香味扑鼻，再烩入萝卜片和粉条。羊肉捞出切成薄片放到碗里，舀入羊汤，撒上葱花香菜，吃的时候，也可以将烤好的大饼掰碎泡入羊汤中，便成了一道羊汤泡馍。看着大漠风光，甩甩

额头的汗珠，还有什么能比这样的生活更惬意呢？

| 羊肉合汁 |

很多敦煌人的一天开始于一碗
热气腾腾的羊肉合汁。合汁中有肉
丸、夹沙、豆腐、木耳、粉条、香菜
末等数种菜品。肉丸、夹沙以精选五
花肉油炸而成，与羊汤同煮，既有猪
肉的香气，又有羊肉的鲜美，再加入
胡椒等佐料，用香辛的味道将各种食

羊肉合汁

材统摄、融合在一起，提味增鲜、驱寒补气，可谓妙品。在敦煌
寒冷的冬日清晨，来一碗内容丰富、香味扑鼻的合汁，配上新鲜
出炉的烤饼，足以让一整天都充满热力与能量。

| 大漠风沙鸡 |

敦煌人喜食牛、羊肉，也喜欢用鸡做各种美食。这道大漠风
沙鸡，选用敦煌土鸡为原材料，先用小火卤制后取出风干约两小
时，再入锅炸制金黄酥脆，改刀装盘后撒上炸制金黄的蒜末，鸡
肉表面好像形成一层细细的沙状，因此得名。吃的时候配上青椒
末、红椒末，口味独到，松软香脆，入味绵长。

| 锁阳炖排骨 |

锁阳是生长在沙漠中的一种多年生肉质寄生植物，性温和，
有补肾益精、强阴润燥的功效，俗称"沙漠人参""不老药"。锁
阳炖排骨，将两种食材结合，做成一道汤鲜味美、肉质鲜嫩、滋

阴补肾的药膳佳肴，是名扬中外的敦煌"不老菜"。

此外，敦煌地区还饲养有一定数量的骆驼，所以，骆驼肉在当地的食谱中也占有一定位置。除了以炖煮烧炒等方法食用驼肉外，驼掌与驼峰都可制成名菜，做法讲究，口味独特。不过，这些美食在一般的小饭店并不常见，想要品尝的话，得去大饭店，并提前询问预约。

3. 野菜时蔬皆可珍

敦煌虽然位处戈壁沙漠的环抱之中，但有着祁连山融化雪水的灌溉滋润，绿洲肥沃，植物丰富茂盛。在这一片绿洲之上，既有常见的种植菜蔬，又生长着许多其他地区难以见到的独特野菜。这些时蔬野菜，经过精心选择与烹调，为敦煌人的餐桌增添了独特的品类与色彩。来到敦煌，这些富有地方风味的独特菜肴自然是不可不尝。

| 沙葱 |

凉拌沙葱

沙葱是生长在沙漠戈壁中的草甸植物，形状似韭而细小低矮，味道像葱而又不那么辛辣，比葱更加清新香嫩。沙葱产量有限，是西北独有的季节性野菜。一般以凉拌为主，在开水中快速焯一下，入凉开水浸泡，沥干水分，以热油炝红辣椒丝与花椒，加少许白糖、生抽、食醋等调味，成品色彩鲜绿、口感清爽。有时也可做配料，与酿皮、莜面、凉粉同拌，提色增香。除了凉拌，沙葱亦可与鸡蛋同炒，鸡蛋黄亮，沙葱碧绿，好吃又好看。还可将沙葱搭配鲜红椒丝用盐腌渍，存放更久而原色味不变，是佐食良品。

　｜苦苣｜

苦苣具有清热解毒的功效，是常见的时令野菜，可生食也可熟食，春天长出的嫩芽最适宜。择取苦苣嫩叶，洗净放入盆中，用盐水浸泡一小会后去水，将蒜蓉、干椒热油爆香，加入食醋，味道微苦，清香爽口，去火开胃。或焯水去掉苦味，凉拌食用。近年也有人将之与肉一起制作饺子馅料，别有风味。

　｜枸杞芽｜

枸杞芽，指枸杞所生之嫩芽嫩茎，又称枸芽子、甜菜头，是从古即食的一种野菜，同时也是药材。《诗经》中已有"陟彼北山，言采其杞"之语，可见自古就有采摘食用枸杞之风。枸杞芽和枸杞果实在过去均是度荒救饥的良品。河西走廊及敦煌所出产的枸杞品质优良，枸杞芽叶嫩茎细，柔滑可口，一般采用凉拌的方法，用开水略焯，加盐、糖、生抽、醋和麻油拌匀即可食用，口感甚佳。也可将嫩叶与肉、蛋调配做汤，鲜美可口。

｜苜蓿｜

苜蓿原生西域，张骞通西域后中原才有栽种。因其易于生长，营养价值高，除被当作优良牧草之外，在古代饥荒时还被当作救荒粮草。现代人食用苜蓿，早已不是为了果腹，主要还是调节口味和时令尝新。挑选春天破土而出的苜蓿新芽，摘

凉拌苜蓿

选嫩芽，清洗、焯水，沥去水分，撒上盐、醋、葱花、蒜泥、干辣椒丝，用热油激香拌匀，便是一道家常的时令美味。除了做凉菜，苜蓿芽还可以做馅饼，包饺子，做法多样。清香柔滑，去湿爽口，富有营养价值。

｜榆钱饭｜

榆钱即榆荚，是榆树的翅果，因其形状圆薄如铜钱，故而得名。唐代诗人岑参的诗句："老人七十仍沽酒，千壶百瓮花门口。道傍榆荚仍似钱，摘来沽酒君肯否？"便是借榆钱形似铜钱，和卖酒老翁开了个玩笑。北方榆树多，榆钱吃法多样。在敦煌，主要有炒榆钱、蒸榆钱两种吃法。采摘鲜嫩的榆钱洗净，沥干水分，撒上少许面粉拌匀，上笼蒸熟，就是一盘榆钱饭。蒸熟的榆钱饭呈黄绿色，吃的时候根据各人口味，或加佐料或不加。不加调料的榆钱饭，味道清甜，清香润滑。将蒸好的榆钱饭，入热油锅中爆炒，加入调味品，便是炒榆钱。

榆钱饭

茄辣西

| 茄辣西 |

　　茄辣西并不是一种新的蔬菜，而是茄子、辣椒、西红柿三菜合炒的简称，是西北的一道经典家常菜。因为这三种蔬菜都属茄科植物，也有人戏称为"茄科三杰"。采用敦煌本地出产的茄子、辣椒、西红柿，切滚刀块，胡麻油烧热，葱蒜姜炝锅，放入茄子煸炒，次入辣椒，翻炒数下，最后放入西红柿，加盐、酱油、花椒粉等，再加少量水焖上片刻，即可出锅。炒好的菜肴，色泽鲜艳，咸酸爽口，其中茄子软烂，辣椒提味，西红柿提色入味，可以搭配米饭，也适合拌面条，深受敦煌人喜爱。

| 豆豉辣椒 |

　　敦煌饮食口味讲究酸、辣、咸、香，咸辣口味是西北饮食的一大特点。豆豉，是经过清洗、泡晒、发酵后储存的豆类调味料，在南北方都广受欢迎。敦煌家常菜中的豆豉辣椒，用豆豉炒青辣椒而成，豆豉咸香提味，辣椒清脆爽口，拌面佐餐均宜。

4. 五谷食粮面为首

敦煌地区自古种植小麦，面粉是敦煌人的主要食粮。敦煌人喜吃面食，也会做面食。当地面食做法花样繁多，技艺讲究，名目多样。就加工成熟之法而言，有烤、烙、蒸、煮、炸、煎、烩、烧的不同；就成品名称而言，则有饼、馕、馒头、花卷、包子、饺子、面条、馓子、油馃等的不同。食品的形状千奇百怪，制作成型的手法各有不同，味道口感千差万别。营养丰富、香美可口的面食，养活了一代又一代敦煌人。

在西北，馍馍是对馒头、饼子之类发酵面食的统称，制法上则有蒸、烤、烙等多种。制作饼类、馍馍是敦煌人的拿手好戏。敦煌文献中记载了三十多种称"饼"的食物，如馅饼、䭔饼、饦饼、

各式烤馍

胡饼、油胡饼、索饼、蒸饼、环饼、白饼、渣饼、烧饼、梧桐饼、菜饼、薄饼、煎饼、汤饼、笼饼、龙虎蛇饼等等，其中有些不是今天意义上的饼，如汤饼，实际上是汤面片。不过，也有一些做法流传下来，如蒸饼、胡饼、炕馍馍、烧壳子、锅盔等。今天敦煌地区常见的馍馍有炕馍馍、沙枣面馍馍、锅盔、胡饼、蒸饼、香豆子花卷、炸麻花等。

| 炕馍馍 |

炕馍馍的炕，是烤的意思，因其以慢火烤制而成，故名炕馍馍。传统做法是：面粉发酵好，加入适量碱面或苏打，再加干面揉好，做成圆饼状，两面印上图案加以装饰，然后放入炉窑内烤制。过去的敦煌，很多人家都会砌一个烧窑，用来烤馍。砌好的烧窑，形似一个横放的大烤箱。窑口向前，上有烟囱，中置铁板，下面留出烧柴加热的空间。以木柴或棉花秸秆为薪，用时先烧去明火，烟散后用铁锹铲起火炭放入窑内预热，然后将做好的饼胚置于窑内铁板上，封堵窑口，二三十分钟后就烤熟了。这样烤出来的馍馍上下泛黄，中间酥软，有天然的谷物香味。烤出来的馍馍一般较厚，水分低，能保存较长时间。馍馍可做成不同形状，并加入果仁或香豆子面等调节口味。这种烧窑不仅可

烤饼

以烤制各种馍馍、锅盔，还可烤玉米、土豆等。现在人们多用鏊子或者电烤箱来烤制馍馍。

沙枣面馍馍

沙枣面馍馍

也是烤馍馍的一种。沙枣面是沙枣的果实，酸甜可口，健脾开胃。西北地区种植的沙枣树很多，它有防沙、固沙、造林、绿化作用，是重要的防护林。将晒干的沙枣去核，枣肉磨碎成细沙状，上锅蒸熟，稍拌一点食用油做成馅，包入发好擀开的面胚子内，放入烧窑烤制，或者入饼铛中烙熟。烤、烙好的沙枣面馍馍，面皮微焦黄，内馅酸甜可口。还可以将沙枣面调成馅，包在发好的面里面，然后擀开，放到油锅中炸熟，即是沙枣油饼。

胡饼

胡饼类似于新疆的馕。以发面制成，加入鸡蛋、胡麻籽油，揉好，擀成圆形，外沿稍厚，用囊戳在表面上戳出花纹，粘上芝麻，放入馕坑（一种烤炉）内烤制而成。这也是一种传自西域的面食，东汉时已有记载,唐五代时更是风靡中原，受到普遍的喜爱。

有关胡饼的得名，众说纷纭，或云
胡人所传而称胡饼，或云饼里掺了
胡麻油而得名，或云饼上粘了胡麻
粒（即芝麻）而得名，等等。各地
胡饼的做法和形状多有不同，还有
麻饼、烧饼、炉饼等多种名称。

烤馕

| 风干馍馍 |

即晒干的馒头。盛夏麦收之后，
趁天气炎热干燥，将蒸出的大馒头
一掰四瓣，放在帘箔上快速晒透风
干，这种晒干的馒头，即是风干馍馍。由于是快速晒干的，这种
馍馍很好地保留了小麦的香味，还特别酥脆，见水即化，干食以
外，还适于泡水吃。风干馍馍其实是西北干旱地区的一种古老食
物保存法的现代遗存，如同南方的炒米一样，都是易于保存和携
带的速食干粮。风干馍馍搭配西瓜，即将馍馍泡在沙瓤西瓜中食用，
是非常有特色的吃法。

| 蒸饼 |

用开水和好的面称烫面，将烫面擀成薄饼上笼蒸熟，称为蒸
饼，既可以卷上蔬菜食用，又可以切成面条状，再拌上调料或蔬
菜食用。面饼要擀得薄如纸，蒸好后呈半透明状，很有嚼劲，趁
热食用，口感极佳。古代敦煌人的主食中也有称蒸饼的，名称相
同，但实际不同。如榆林窟第 25 窟弥勒经变中绘制有婚礼宴席

榆林窟第 25 窟婚宴图

的场景，其中有人手端蒸饼的画面，蒸饼的样子类似于蒸馍、馒头，名称虽然也叫蒸饼，但与今日敦煌人所吃的蒸饼并不相同。

| 麻腐包子 |

提起麻籽，很多北方的朋友都有印象。麻腐便是用麻的籽仁做成的一种类似于豆腐状的食物。麻是古代最主要的纤维植物，麻籽也是很古老的食物。《诗经·七月》里有"禾麻菽麦"，还提到"九月叔苴"，"苴"即麻籽，是说九月的时候，人们要拾取成熟的麻籽。麻籽颗粒不大，含油量很高，炒熟后很香，不少人喜欢像嗑瓜子一样嗑着吃。但要把麻籽做成小吃，却不是一件容易的事。传统的做法是将麻籽磨碎，大锅盛水，放入磨碎的麻籽加热，皮壳与籽瓤在热水中渐渐分离，赶在沸腾之际，用笊篱快速滤出籽瓤，便成所谓的麻腐。麻腐加上调味料，浇上热油，做成馅料。发面擀皮，加麻腐馅料做成包子，便是麻腐包子。麻腐为馅，还可以做烙饼、油炸盒子、饺子等。如果嫌纯用麻腐口感油腻，还可以在麻腐中加上萝卜丝或土豆丝等，配上调料，口感更佳。

| 沙葱牛肉饼 |

沙葱牛肉饼是将敦煌本地两种特色食材完美结合的一款食品。将面粉盛入盆中，一半用开水中搅拌烫软，另一半用凉水拌匀，然后和在一起，揉搓均匀，饧好备用；馅料选敦煌出产的沙葱与本地优质牛肉，切碎拌匀，加入油、盐、花椒粉、酱油等调料。将饧好的面剂擀成小圆饼，包入沙葱牛肉馅，压成饼状，入油锅两面煎熟，撒上葱花、芝麻即可。面饼表面油亮黄脆，内里

沙葱牛肉饼

松软，沙葱牛肉软嫩鲜香，趁热食用，滋味口感尤佳。

除了烤蒸烙等做法外，做成面条也是敦煌人食用小麦的最主要方式之一。敦煌人用不同手法制成形状各异、口感不同的面条，再配以丰富的菜品和浇头，让小麦面粉的香味和营养都得到最充分的呈现，不仅可满足口腹之欲，更令人体会到生活的乐趣，增加对生活的热爱。

| 驴肉黄面 |

属敦煌八大怪之一，以"驴肉黄面拽门外"而著称。所谓黄面，是指和面时加入了当地特有的沙漠碱性植物"梧桐树"的树液碱，使面条的颜色变得金黄油亮，增强了面条的弹性与韧劲，故可以拽到门外，扯出数米长也不断。看拉面师傅熟练地将饧好的面剂放在干粉上滚几下，捏住两头拿起来抻开，随着手臂的张合，原本擀杖粗的面剂也魔术般地由粗变细，由一股变两股、四股、八股……只见银丝飞舞，观者眼花缭乱，还没看清，师傅已手臂长舒，

驴肉黄面

将拉开的面条往案上最后一击，旋即那一束飞舞跳动的面丝便被甩到滚沸的汤锅里面。整个过程十秒不到，动作如行云流水，一气呵成，光看着就很享受。煮好的面条匀细如线，金黄透亮，弹滑筋道，浇上由驴肉、香菇丁和豆腐等炒成的臊子汁，面黄汁醇，色美味香，爽口舒胃，易于消化。若再切一盘酱驴肉，配点清口小菜，那就更加完美了。敦煌的街头巷尾有很多黄面馆，各有特点，味道正宗。顺张黄面就是其中很有名气的一家。

｜臊子面｜

臊子面是西北常见面食，各地做法大致相同，口味却有着相当差异。敦煌臊子面有猪肉臊子面和羊肉臊子面两种。做时将猪肉或羊肉切成丁，下热油锅中翻炒出香味，加葱姜蒜等调味料，加土豆丁、豆腐、胡萝卜丁等，炒至断生，加水煮开，再加入泡发好的木耳、黄花、香菇等，烩成一锅有肉有菜的臊子汤备用。面条一般都是手擀切制而成，经过和面、反复揉面、饧面，再经

敦煌臊子面

擀面、切面等过程，制作成韭菜叶宽窄的面条，大锅宽汤煮熟，浇上臊子，撒上香菜、芝麻，淋上辣椒油，面条细长爽滑，臊子肉香汤醇，热气腾腾，浓香四溢，既是日常所食，又是待客佳肴。

| 装仓面 |

特指除夕晚上所吃的面。所谓装仓，喻指岁末最后一顿饭，要把肚子装满，以祈来年生活富足、身体康健。装仓面也叫送鸿面，意味着长面送来鸿运。装仓面做法与臊子面相同，和面要加碱，以增加韧劲与弹性，擀开后切成长面。臊子比平时讲究，肉要多，菜要丰富，汤要香，还要配上其他菜肴。大年三十吃装仓面是敦煌流传已久的传统，家人团聚，美美吃一顿装仓面，既是对一年来辛苦劳作的犒赏，也有着祈求来年富足的寓意，以此来辞旧迎新。

| 杏壳篓 |

杏壳篓也是敦煌传统的一种面食，做法是将和好揉透的面剂揪成蚕豆大小的面团，放在表面粗糙的案板上，用拇指使劲一捻，将面团搓捻成一个薄薄的蜷曲着的半圆形，大小和形状都像敲开的半个杏壳，敦煌人形象地称之为"杏壳篓"（杏，当地话念作

hèng ），也有人称为"猫耳朵"。人们往往将这种面食与肉汤、蔬菜同烩，做成汤面。过去冬至的时候常吃这种汤面。

　　敦煌的日常面食，还有拉条子、面片子、搓鱼子、炮仗子、香头子、拨疙瘩、浆水面，以及当作小吃的凉粉、酿皮子等种类，与河西其他地方的做法相同，这里就不一一介绍了。

5. 小吃饮品味实甘

| 油馃子 |

　　油炸馃子可能是史上最奢侈、最隆重的面粉食用方式了。这种食品今日十分常见，但在传统时代，普通人只有在过年或重大场合时才会吃到。炸油馃子是传统敦煌人过年的一个必备环节。根据不同的制作目标，在面粉中分别加入熟油、鸡蛋、砂糖、蜂蜜，或者椒盐，或者不同颜色的蔬菜汁液，和好面剂，然后采用擀、卷、叠、翻、扭、绞、切、压、嵌、捏、掐等不同手法，制作出各种花样的馃胚，或仿花鸟动物，或仿生活用品，花样繁多，形状各异。然后铁锅中加胡麻油或菜籽油烧热，将馃胚下入油锅中炸至金黄，便可捞出。炸好的油馃，颜色油亮鲜艳，口感酥脆香美，久放不坏。逢年过节，家家户户都要炸一些油馃子，作为年节期间的早餐和零食点心，并招待馈赠亲友。

| 泡儿油糕 |

　　泡儿油糕色泽金黄，口感松脆。油炸时油温较高，故而在表面形成细小的珍珠泡泡，因此得名。泡儿油糕早在唐代就是流行

泡儿油糕

敦煌宾馆宴中的泡儿油糕

于宫廷中的一道菜。制作油糕对油温和火候有严格要求，要经过烫面、揉搓、包馅和炸制等数道工序，方能做出表面酥脆、内里软糯、香甜酥脆的油糕，令人一吃难忘。

| 油炸鬼 |

听起来颇解气的名字，是源于它张牙舞爪的形状。这是一种敦煌特色小吃。在面粉中加入食盐、泡打粉、苏打粉，搅拌成糊状的面汁，入油锅炸制而成，爽口清脆。

| 花灯俭儿 |

花灯俭儿其实是有馅的一种年节小吃。它的形状很特别，活脱脱就是一只白胖小老鼠，所以也叫"老鼠子"。正月十五闹花灯的时候，家家户户都会蒸花灯俭儿吃，里面的馅料也有些奇特，不仅有杏仁、核桃仁等，还有过年这些天里掰碎吃剩的各种碎馍馍渣。老人们说，之所以要吃这个，就是取了个"俭"字，生活要节俭，不浪费，包成老鼠的样子，再把它吃掉，也是祈愿来年

油炸鬼

花灯俭儿

不闹鼠害，没有老鼠来偷粮食。

| 沙米粉 |

沙米是出产于沙漠的一种野生植物"沙蓬"的籽实，营养丰富，食用历史悠久，《本草纲目拾遗》中已有记载。每年十月是沙米成熟的季节，人们带着布单、木棍去收获沙米，采回后晒干、去皮，用清水泡一两个小时，待其变软后搓磨淘洗成细浆，经细箩过滤，最后将米粉浆加入锅中慢慢煮开，一边搅动一边熬煮，半

凉粉

酿皮子

小时后倒出晾凉，沙米凝结成晶莹透明的块状，这时便可切成细条，拌入调料后食用。沙米是沙漠植物，产量不高，手工制作不易，能吃到沙米粉是相当有口福的啦。

杏皮水

｜杏皮水｜

又称杏皮茶，是敦煌当地的招牌饮料。以敦煌本地所产的李广杏为原材料，选取晒干的优质杏皮（杏干）熬制，一般需要两熬三滤方能成为好的饮品。做好的杏皮水颜色橙黄透亮，加入冰糖调制之后酸甜可口，冰镇后饮用，口感更佳。在干燥炎热的敦煌夏日，喝一口冰爽酸甜的杏皮水，既能解渴解暑，又促进食欲，是来到敦煌一定要品尝的特色饮料。

五、敦煌水果

敦煌地处温带大陆的腹部，日照时间长，昼夜温差大，水分蒸发量大，加上土质肥沃，非常适宜种植水果，自古以来就以盛产瓜果出名，是历史上最早被称为"瓜州"的地方（酒泉的"瓜州"得名在后）。时至今日，这里仍是甘肃省的瓜果主产地之一。所出产的水果种类繁多，甘甜香醇，色彩艳丽，形色味俱佳，极富特点，有名的如李广杏、敦煌葡萄、早酥梨、枸杞、大枣、水果番茄，以及吊蛋子、秋子、香水梨等等。

最早的瓜州是敦煌　敦煌因盛产甜瓜，从北魏、北周至唐代初年的一段历史时期里，曾被称作"瓜州"。据说当地出产的一种大瓜，味道甜美，引得狐狸来吃，狐狸钻到瓜里，首尾皆不露，可见瓜的个头有多大。现今隶属酒泉的瓜州的名称是后起的，是在唐初敦煌弃用瓜州之名改称沙州后，才得到瓜州这个名称并沿用至今。敦煌瓜的品种很多，代表性的如羊角蜜甜瓜、沙瓤西瓜、炮弹瓜、尝蜜红、克克齐、黄河蜜、白兰瓜、香瓜、金皇后等等。目前，敦煌的瓜类种植面积超过十万亩。到夏秋收获时节，各色甜瓜浓香扑鼻，爽脆适口，色泽鲜艳、沙瓤西瓜的鲜红、羊角蜜的青翠、黄河蜜的金黄、白兰瓜的洁白，使这里不仅成为颜色的海洋，更是甜蜜的渊薮。

敦煌甜瓜

李广杏

｜李广杏｜

李广杏，也称李光杏，是敦煌独有的特色水果，被誉为敦煌的"水果之王"。据清末《敦煌县志》记载，敦煌李广杏最早从新疆引种而来，特别适宜敦煌的土壤与气候，生长得非常好，成为远近闻名的佳品。

时间久了，便与当地有关李广西征的故事传说结合在一起，得名"李广杏"。李广杏皮薄肉厚核小，果形圆润，外表光洁无毛，黄亮油光，果肉甜美多汁，咬一口甘甜浓香，回味无穷。敦煌地区种植李广杏面积达1.5万多亩，每年6月底7月初，是李广杏成熟上市的时间。因果肉皮薄汁多，成熟时间集中，不易保存，除当季鲜食外，也大量制成杏子罐头、杏子酱，以及杏脯等，以此长期保存食用。此外，杏仁、杏酒等也很有特点。

李广杏的神奇传说 敦煌民间相传，西汉年间飞将军李广率部西征大宛，途中乏水，将士们干渴难忍。正在这时，空中飘来一阵奇香，两匹彩绸飘然而至，在空中飞旋。李广一箭射去，一匹彩绸应箭而落，化作一片杏林，果实累累，将士们争食解渴，不想杏子苦涩难吃，飞将军一怒之下砍掉了杏林。第二天，这片杏林神奇复活，重新结出了甘甜香美的杏子。原来，这两匹彩绸是苦、甜两位杏仙所化，她们奉王母之命前来帮助李广，不承想，只顾贪玩嬉戏的苦杏仙子被飞将军射落，长出苦杏，又被砍伐，甜杏仙子只好连夜嫁接在苦杏枝上，才长出甜杏，解救了这一路西行的将士们。

| 敦煌葡萄 |

葡萄原产地中海一带，汉通西域后传入中原，很快就成为王公贵族喜爱的珍异果品。魏文帝曹丕曾盛赞葡萄"甘而不饴，酸而不脆，冷而不寒，味长汁多，除烦解渴"。敦煌降雨少，温差大，日照长，加

敦煌葡萄

上沙土种植和祁连山雪水灌溉，非常适宜葡萄生长。现在的葡萄种植面积达 12 万亩之多，所产葡萄品质优良，皮薄果大，甘甜多汁，色彩丰富，形状也多样，代表品种有敦煌红地球、无核白等。如赶在葡萄成熟的季节来敦煌，可以品尝到多种葡萄，一睹万亩葡萄的盛景，还可在葡萄架下乘凉消暑。

敦煌的葡萄干品质也非常好，味道甘甜，易于保存。

鸣山大枣

| 鸣山大枣 |

敦煌所产红枣个大色红，皮薄肉甜。除常见的鲜食或晒干食用方法外，敦煌人还有一种保鲜的方法，即八大怪中所谓"酒枣新鲜放不坏"。挑选出新鲜无外伤的鸣山大枣，擦净表皮，用高度白酒拌匀，然后密封到瓮罐中，放在阴凉环境中保存一个月左右，待枣子在酒精的作用下催熟糖化后，便可食用。用这种方法保存的红枣，可以一直放到春节。经过酒精的作用，枣子更显得鲜红饱满，口感更好，味道更甜，枣香中还带有酒香。这在传统时代是冬天能吃到的极少的鲜果之一，因此格外珍贵。

| 紫胭桃 |

胭脂桃

敦煌紫胭桃又名李广桃，是甘肃特有的桃品种，不同于平常所食之桃。它的颜色紫红中含绿，呈现胭脂之色，故得名紫胭桃。果实形体均匀，个头不大，色泽艳丽，肉厚味香，内核紫红。每年8月中旬至10月上旬成熟。敦煌市的月牙泉镇、七里镇、莫高镇等乡镇皆有种植，面积达数千亩。

|冰消香水梨|

敦煌八大怪中"香水梨要放黑卖"的香水梨，也称软儿梨。这种梨子秋天成熟，果大体圆，颜色黄润，但口感略有些酸涩。收获之后，人们并不急着食用，而是将它贮藏到阴凉之处，等冬天气温降到零度

冰消香水梨

以下，果实被冻透，便可以吃了。这时的梨儿，表面颜色由黄变为黑褐，果肉由硬变软，味道由酸涩变为酸甜，完成了一个神奇的蜕变。将冻透的梨儿浸入凉水中消释，梨子外面很快会形成一个冰壳，敲去冰壳，剥去外皮，便可大快朵颐。化好的梨子味道酸甜可口，果肉绵软，冰爽甘洌，是冬天里难得的美味。现在存放条件大为改善，有时夏天也可以吃到冰消香水梨。

|吊蛋子|

吊蛋子也是梨的一种，属于比较传统的河西水果，果实卵形，大小如鸽子蛋，有长把，俗称"吊蛋子"。九月成熟，黄色，鲜食有些酸涩，当地人将其扎束成串，悬挂于房檐下

吊蛋子

或阴凉通风的室内，放置至冬天，颜色逐渐变成黑褐色，果肉糖化，涩味全消，便可食用。吃时不用剥皮，吸吮即可，入口酸甜，口味极爽。与香水梨有些类似，只是不待冰冻即可食用。

六、敦煌特产

提起特产，人们首先想到的，就是富有代表性的地方自然出产。不过，就敦煌而言，这里的特产并不止于自然出产，还包括那些有独特人文蕴含的艺术品。

敦煌三宝　锁阳、驴肉、罗布麻

锁阳：是出产于沙漠的珍稀中药材，素有"不老药""沙漠人参"的美称。锁阳性温，有滋阴、益精、润燥等多种功效。敦煌人食用锁阳有悠久历史，当地农

锁阳

罗布麻

谚有"三九三挖锁阳"之说。锁阳可入菜、入汤,还可制作药膳粥。

驴肉:中国民间久有食用驴肉的传统,"天上龙肉,地下驴肉"的说法流传甚广。敦煌驴肉以酱制为主,味道浓郁,口感密实,以凉食为主,与黄面搭配,别具风味。

罗布麻:又称野麻、野茶、茶叶花、红花草、红柳子、泽漆麻等,也是非常有名的中药材。主要生长在北方沙漠盐碱地带或河岸、山沟、山坡等沙质土地上。因新疆罗布泊一带所出产的品质最好,故得名罗布麻。其叶在当地被广泛当作茶饮,称作"不老茶"。除了可当茶饮外,罗布麻秆皮纤维还广泛地被制作成纺织品。含有天然罗布麻35%以上的棉麻类衣物,穿着舒服透气,不生静电,体感好。

| 葡萄酒 |

敦煌栽培葡萄的历史长达两千多年，以葡萄酿酒的历史在唐代以前就开始了。酿酒的方法，则来自波斯，由往来丝路的胡人传入。《敦煌廿咏》中的《安城祆咏》，提到当地粟特人以酒祭祀祆神祈雨："更有雩祭处，朝夕酒如绳。"虽然我们不能确指诗中说的流淌不绝形如绳索的酒就是葡萄酒，但"葡萄美酒夜光杯"的诗句，足以说明河西与敦煌确实出产优质葡萄酒。现今，敦煌当地引种更加适宜酿酒的优质葡萄品种，出产赤霞珠、品丽珠、梅洛、黑比诺等多种优质葡萄，酿成的葡萄酒品质上乘，色泽亮丽，口感醇厚，回味悠长。其品牌有敦煌莫高窟、敦煌阳光等不同系列。敦煌莫高窟系列干红葡萄酒多次在国际名酒展览会上荣获大奖。

| 敦煌酒 |

敦煌人酿酒的历史十分悠久，过去以米酒为主，如今则以蒸馏白酒为主。敦煌本地白酒，以清澈透明的沙州泉水和优质纯正的高粱、小麦为原材料，经过发酵提取蒸馏，生产出窖香浓郁、绵柔醇厚的敦煌玉液、敦煌宴酒、敦煌醇等系列白酒，产品多次荣获国家农业博览会金奖和美国国际名酒博览会金奖等荣誉。

| 风凌石 |

大西北戈壁滩上出产一种奇特的石头，不同于平常所见，人称"风凌石"。其独特处，一是有着光滑棱面或棱角，这是由于散布在荒漠戈壁中的石块在亿万年中一动不动地经受风沙同一方向的吹蚀与磨蚀，形成的棱面不仅光滑，而且和风向近于一致；另一独特处是风凌石的表面都有一层天然形成的漆膜，细腻而光亮。这是由于地下水上升，蒸发后在石体表面残留下一层红棕色的氧化铁和黑色氧化锰薄膜，使石块看起来如同涂抹了油漆或者抛过光。风凌石是西北戈壁特有的一种观赏石，是大自然亿万年才完成的杰作。其颜色以黄、红、绿、白、黑为主，形状变化多端，颜色润而不艳，独有妙趣。

风凌石

夜光杯

｜夜光杯｜

自唐代诗人王翰在《凉州词》中写出"葡萄美酒夜光杯，欲饮琵琶马上催"这样的诗句以来，一千多年间，夜光杯的美名家喻户晓，成为最富诗意豪情的酒具象征。

制作夜光杯的正宗材料，是产自祁连山的墨玉。一块块毫不起眼的玉料，经过能工巧匠的精心雕琢，就成了扬名古今的夜光杯。透过薄薄的玉杯，月色中映衬出幽幽的绿光。倒入美酒，杯中酒色晶莹澄碧，宛若翡翠。

七、休闲娱乐

除了最主要的观光游览项目之外，在敦煌，还有多种多样的休闲娱乐活动，如在野外进行的沙漠徒步、攀爬沙丘、滑沙、骑乘骆驼、沙漠露营、观星赏月、放风筝，在城区农庄的夜市漫步、庭院纳凉、烧烤撸串、喝酒唱歌，以及观赏文艺演出、听唱宝卷小曲，等等。这些活动大多轻松愉快，适宜所有年龄层次的人，也有一些娱乐形式刺激惊险，对参与者的身体条件有一定要求。无论何种，都具有明显的敦煌特色，能令人身心放松，精神愉悦，暂时卸掉工作与生活的重负，打破往日的单调与循环往复，给自己一些惊喜与新奇，忘却烦恼，消除疲累，重新获得生活的乐趣与前行的力量。

骑骆驼

骑骆驼是一项比较温和的娱乐活动，一般四五峰骆驼组成一支驼队，由一个领队在前牵引，其余骆驼在后随行，不急不缓，鱼贯而行。敦煌的骆驼都是双峰驼，鞍鞯搭在双峰之间，骑上去很稳当。对从未骑过骆驼的人来说，第一次的骑乘体验既紧张又新奇。温顺高大的骆驼跪卧在地，让人骑坐到背上，当它站起时身体会有较大的起伏，须注意抓紧扶手。骑乘时全身放松，让身体与骆驼的步伐合拍，有节奏地自然晃动，很快便能"人骆合一"，尽情享受这"沙漠之舟"在茫茫沙海中悠然前进的美妙体验。在鸣沙山景区，为了让游客能尽早赶到峰顶观看日出，驼队往往日出前便出发。一队队的骆驼，沿着沙丘的脊梁，伴着悠扬的铃声，络绎不绝地向着山顶前行，在微曦中，留下一幅幅绝美的剪影。这项活动，人均消费 120 元左右。需要提前准备防晒用品，避免中暑。

| 滑沙 |

滑沙是鸣沙山的主要游玩项目，滑行前，需要租用特制的滑沙板，价格 15~25 元不等。滑行时，人坐在滑沙板上，两手撑在滑板两边，双脚蹬住滑板前沿，身体前倾，保持重心向下，然后

骑骆驼

沙漠越野

顺着沙山的陡坡一路下滑，只觉两耳生风，流沙随足同下，倏忽之间，已由山顶滑至山底。滑沙虽然没有滑冰或滑雪那么普及，但乐趣绝不输于这两者。

驾驶沙漠越野车

在空旷沙漠中驾驶沙漠越野车，相较骑骆驼和滑沙，速度更快，更惊险刺激。沙漠越野车开足马力在无垠的沙漠中飞速奔腾，紧张刺激。可以开上鸣沙山主峰看日出日落。有单人越野车，也有 3 人越野车。需要具备驾驶经验。

大漠徒步

大漠徒步是敦煌旅游中的深度体验项目之一。需要在旅行社提前报名。目前线路比较成熟，一般行程需要 5 天以上，请提前规划时间，并联系旅行社。5 天中可能有 3 天以上的全程徒步行程，日行公里数在 30 公里左右。需要游客具有徒步经验，具备长途跋涉所需要的身体条件。夜间一般在沙漠露营，体验扎帐篷、住帐篷。

沙漠飞行

沙漠滑翔机属于旅行社提前规划项目，线路由旅行社制定，收费标准也请参考旅行社具体旅游项目及执行价格标准。

此外，沙漠娱乐项目中，还有新开发的热气球等体验项目。请结合自身条件及天气情况选择。

夜市漫步和消夏纳凉

敦煌旅游大多集中在夏秋时节，这时天气炎热，白天的行程往往密集劳累，待夜晚天气凉爽下来后，漫步夜市，观赏夜景，买几件心仪的艺术品，再烤上几把羊肉串，饮一杯冰镇啤酒或杏皮水，家人朋友，边吃边聊，或许是敦煌夏日消遣的最惬意方式。也可以驱车到市郊的农家小院，坐在葡萄架下，品尝一下当地农家饭，和店主人唠唠家常，消夏纳凉的同时，领略敦煌的风土人情。

| 欣赏乐舞 |

在敦煌，除参观佛教艺术圣迹、领略大漠风光外，还可以享受一场视听盛宴，那就是仅在敦煌才可以欣赏到的唐代歌舞实景演出，如《丝路花雨》《大梦敦煌》《又见敦煌》等，是敦煌实景演出的特色剧目。这些剧目采用优质的创作剧本，结合 3D 技术和全景投影舞台及 360 度可旋转观众席等国内实景演出最先进的技术合力打造，可以带给观众强烈的视觉体验和美妙观感。

《丝路花雨》剧照　高星伟摄

《丝路花雨》剧照　邵云帆摄

听曲子戏

敦煌曲子戏，又称敦煌小曲，是盛行于西北地区的一种民间艺术。音乐曲调古雅热烈，有鲜明的画面感和戏剧性的情节，曾经是敦煌人逢年过节必不可少的娱乐内容。随着时代的发展，敦煌曲子戏由自乐班传承下来，如今可以在民间庭院和茶馆戏楼中听到老艺人的演唱。现已被列入国家非物质文化遗产名录。

观宝卷宣唱

宝卷宣唱是一种古老的说唱结合的宗教仪式与娱乐形式。又称宣卷、念卷。所宣内容，有佛教故事与劝善说教，亦有历史传说、民间故事，如观音、目连、孟姜女等传说故事。与其他说唱艺术不同，宣卷由宣卷人与听卷者共同参与完成，宣卷人主念，听卷者诵佛号应和。故事大多耳熟能详，但听者皆一丝不苟，并不时念佛唱和，使身处其外的观看者也能感受到这种虔诚的氛围。

第三单元

梦里敦煌今相见

苦修像

敦煌彩塑代表作之一。北魏晚期。位于莫高窟第248窟中心柱西向面下层龛中。表现释迦牟尼佛成道前苦修的情景。佛像结跏趺坐，双手叠于腹前，头部微倾，面容清癯瘦削，颧骨突出，双目微合，嘴唇紧闭。身着土红色袈裟，内衬黑色僧祇支，锁骨高起，胸前肋骨历历可数，身形枯瘦干瘪，神情空寂淡然，刻画出苦修悟道者的坚韧与信念。

从光荣的传统中，追求未来的生命。

——常书鸿

看莫高窟，不是看死了一千年的标本，而是看活了一千年的生命。

——余秋雨

一、千载梵宫唯莫高

（一）莫高窟参观概览

1.门票

莫高窟参观实行网络实名预约购票制度和实名验票准入制度，严格执行莫高窟单日游客接待限额（正常票6000张/日，应急票12000张/日）。正常与应急类参观门票均可提前30—15天预约购买。

|门票种类及价格一览|

门票类型 票价与参观内容	全价票	优惠票	特种优惠票
旺季时间 4月1日— 11月30日 （持A票）	238元/人/次 莫高窟+莫高窟数字展示中心+往返莫高窟交通	148元/人/次 莫高窟+莫高窟数字展示中心+往返莫高窟交通	20元/人/次 莫高窟+莫高窟数字展示中心+往返莫高窟交通

门票类型 票价与参观内容	全价票	优惠票	特种优惠票
淡季时间 12月1日— 3月31日 （持A票）	140元/人/次 莫高窟+莫高窟数字展示中心+往返莫高窟交通	95元/人/次 莫高窟+莫高窟数字展示中心+往返莫高窟交通	20元/人/次 莫高窟+莫高窟数字展示中心+往返莫高窟交通
应急参观 （持B票）	100元/人/次 莫高窟+往返莫高窟交通	55元/人/次 莫高窟+往返莫高窟交通	20元/人/次 莫高窟+往返莫高窟交通
单纯观影 （持C票）	票价50元/人/次 莫高窟数字展示中心观看电影《千年莫高》《梦幻佛宫》	无优惠	无优惠
免票参观	4周岁以下儿童（不含4周岁）费用全免		

依据国家政策，莫高窟参观门票针对特定年龄、职业及身份的人群，实行相应的优惠政策，有优惠票、特种优惠票或免票之分别。详情可上网查询或电话咨询。

| 预约购票途径 |

（1）登录莫高窟参观预约网（https://www.mgk.org.cn）。

（2）关注"莫高窟参观预约网"微信公众号。

莫高窟参观咨询电话：4008-333-715。

| 取票地址 |

（1）敦煌市区莫高窟参观预约售票中心：敦煌市迎宾花园北区。

（2）莫高窟数字展示中心售票处：敦煌市阳关东路8899号，314省道南侧（"又见敦煌"剧场东侧）。

莫高窟数字展示中心售票点营业时间：08:30—15:00。

｜莫高窟开放参观洞窟编号｜

（1）普通开放洞窟59个：

9、12、16、17、23、25、29、44、46、61、66、71、79、96、100、103、130、138、146、148、152、171、201、202、203、204、205、209、237、244、246、249、251、257、259、290、292、296、311、314、323、328、329、331、332、334、335、340、384、386、390、397、401、407、409、419、420、428、445

（2）特窟10个：

45、57、156、158、217、220、275、320、321、322

开放洞窟情况，会因莫高窟文物保护需要和相关政策有临时调整。具体内容，请以敦煌研究院莫高窟开放管理委员会发布的最新公告为准。

接待部调度室电话：0937-8869060 、0937-8869061

票房电话：0937-8869056

医疗救助：0937-8869021

保卫处：0937-8869190（值班电话）

2. 到达

|莫高窟数字展示中心|

出租车：市区打车前往数字展示中心约 9 公里。

公交车：丝路怡苑大酒店斜对面乘坐专线公交车。

莫高窟数字展示中心是进入莫高窟游览的第一站。该中心距离敦煌市区 9 公里，距莫高窟 11 公里，位于 314 省道附近。2014 年 8 月建成投入使用，总面积 1.18 万平方米。由接待大厅、人工和自助售票区、数字影院、球幕影院、购物及办公区、停车场七部分组成。其主体建筑以莫高窟为原型，采用流沙型线条的外观设计，辅以砂砾岩质感的外墙及错落的装饰性小洞营建而成，既有莫高窟艺术元素，又符合现代审美风格。

游客在这里取到参观票后，首先前往数字影院观看介绍敦煌

数字展示中心外景

数字展示中心内景

莫高窟历史文化的主题电影《千年莫高》，然后进入球幕影院观看展示佛教石窟艺术的球幕电影《梦幻佛宫》，两部电影均时长20分钟。

观影结束后，游客乘坐区间摆渡车直达莫高窟。

持 B 票的游客不看电影，直接由数字展示中心乘坐区间车前往莫高窟。如果对未能观影心存遗憾的话，敦煌研究院还提供 C 类门票，仅供在数字展示中心观看上述两部影片。

提示：（1）参观莫高窟最好选择上午时间。莫高窟坐西向东，上午光线最好。（2）请勿自驾前往莫高窟窟区，游客只能从数字展览中心乘摆渡车进入参观。（3）莫高窟景区实施通票制，数字展示中心及莫高窟共需验票两次，请保管好门票。

| 莫高窟景区 |

从数字展示中心乘坐摆渡车，20分钟到达莫高窟。

莫高窟开凿在鸣沙山东麓大泉河冲刷出来的砂砾断崖上，坐西朝东，面向三危山。洞窟密布于岩体之上，大小不一，上下错落，分为三到四层，南北绵延数公里。断崖岩石属于砂砾质岩层，由积沙与卵石沉淀堆积而成，不宜雕刻，适合开凿洞窟。今存实体洞窟 735 个，分为南区和北区。南区为参观开放区域，有造像和壁画的洞窟绝大多数集中于此处；北区是古代僧人居住、生活的区域，以僧房窟、禅窟和埋葬僧侣的瘗窟为主。北区不开放参观。

供开放参观的莫高窟南区分为两大部分。

（1）处在整个景区西部的莫高窟中心区，沿大泉河西岸的崖壁呈南北方向纵长分布，是参观千年前的珍贵佛教石窟艺术、进入实体洞窟的区域，藏经洞陈列馆也包括在内。

（2）窟区之外东边的大片景区，大泉河纵贯南北，河的西岸有三个广场：九层楼广场、慈氏塔广场和大牌坊广场，以及敦煌研究院院史陈列馆、敦煌研究院美术馆、功德林、古舍利塔、大牌坊等，游客中心、银行、邮局在这片区域的中心地带。

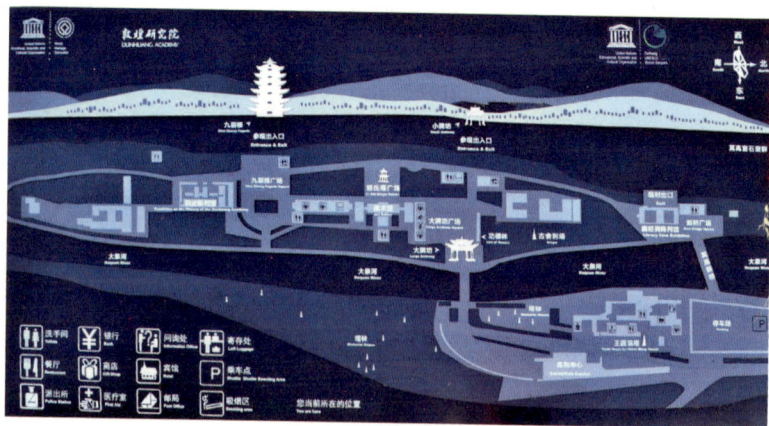

莫高窟景区平面示意图

　　大泉河的东岸，有塔林、餐厅、莫高山庄、道士塔等景点，医务室、派出所、停车场也在这一区域。最主要的景点敦煌石窟文物保护研究陈列中心处在这一区域的最东边。

　　进入景区时请留意观看区内的导览示意图。

　　提示：（1）大件背包及相机、摄像机不得带入，可在洞窟入口处免费寄存。（2）洞内不允许拍照、开闪光灯、手机灯。（3）爱护文物，请勿刻画、涂写、触摸壁画、彩塑。（4）参观结束时请将讲解器归还给自己所在组的讲解员。

莫高窟景区建议游览过程

　　游览莫高窟景区，建议首先参观莫高窟洞窟，亲身感受、观看千年前石窟艺术的魅力，认识莫高窟的外观和整体。参观过程中请认真听取讲解员的解说，他们的讲解专业、规范，是观看、了解敦煌莫高窟的最重要途径。洞窟参观结束后，请留意别错过第17窟对面的藏经洞陈列馆。走出中心窟区之前，可在窟区拍照留影。

　　走出中心窟区之后是自由游览，可按照景区示意图的引导游览相关景点，也可在游客商店挑选自己中意的纪念品，或在林荫下、长廊中休憩小坐，静静体味千年时光的流逝，遥想晋唐古人在此窟前的种种情景。

　　不可错过的几处重要景点：敦煌石窟文物保护研究陈列中心、敦煌研究院美术馆、敦煌研究院院史陈列馆等。这是对前面洞窟参观内容的重要补充、深入与拓展。这些内容与之前的洞窟参观

莫高窟南区

莫高窟北区

所见结合起来，才能形成一个完整的敦煌莫高窟印象。

　　莫高窟的标志——九层楼　莫高窟的标志性建筑。游览莫高窟，人们最先注意到的是莫高窟崖面外部的高大木质建筑，其中最显眼的自然是九层楼。所谓九层楼，实际上是第96窟外部木构建筑的俗称，是为保护窟内唐代大佛像及方便信众瞻拜而于民国时重修的木构檐楼。楼高九层，45米，依崖而建，下八层为五间六柱大型两角窟檐，第九层为八角顶，上竖3米高的宝瓶。飞檐高耸，气势不凡。第96窟始建于初唐，其中塑弥勒佛像，高35.5米，是我国第一室内大佛。其外部窟檐在历史上历经数次重修，最初的建筑是四层，晚唐改为五层，宋初重修，清末倾圮重修，民国期间才改建为

清末民初的莫高窟第96窟外景

今日九层楼

九层。根据吕钟撰写的《重修千佛洞九层楼碑记》等文可知，现在的九层楼，是敦煌刘骥德等人联合当地士绅农商，于1927—1935年间募资重修的结果。1986年，敦煌研究院又对其中的第八、九层进行了重修维护，并整体涂刷红漆，最终呈现为我们现在看到的外貌。

（二）读懂莫高窟的三个关键词：建筑、彩塑、壁画

作为佛教艺术的殿堂，敦煌莫高窟是由石窟建筑艺术、塑像艺术与壁画艺术三个部分共同组成的一个整体，也就是说，建筑、彩塑和壁画，既是莫高窟石窟艺术的内容构成，又是形式体现。了解这三方面的相关知识，也就掌握了认识、欣赏敦煌莫高窟佛

教石窟艺术奥秘的钥匙。

1. 敦煌石窟建筑艺术

石窟本身也是一种建筑。采用哪种建筑形制，在不同时代，因受不同文化传统，尤其是不同功能的影响，石窟形制都不相同。一般来说，由外而内，敦煌石窟往往由以下几个部分构成：

殿檐→窟门→甬道→前室→甬道→主室（后室）

限于各种条件，也有很多洞窟没有前甬道，还有一些既无前甬道，也无前室。为了达到美观的效果，很多石窟初建时在窟门外都建筑有木质窟檐，同时为方便人们登临观瞻，还要在悬崖外构筑木质栈道，将相近的洞窟连通起来。由于年代久远，莫高窟石窟靠外面崖壁的部分在历史上已大多崩落坍塌，许多洞窟的甬道也都崩毁不存。20世纪60年代起进行了全面的加固修复，我们现在看到的窟门及栈道都是后来重新修整的结果，而非古代的面貌。

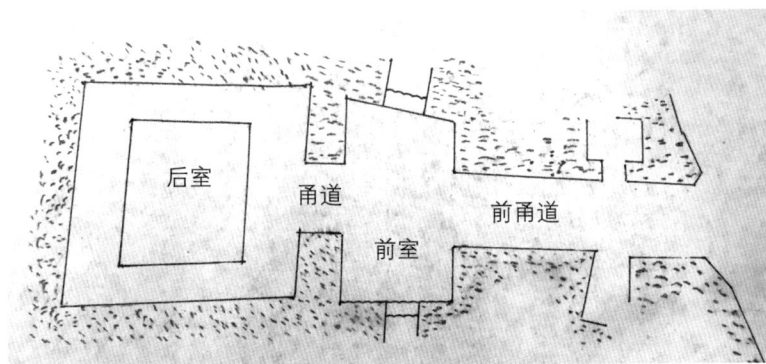

榆林窟 25 窟平面图

莫高窟第 427 窟外貌

窟与寺的区别　石窟与佛寺是佛教建筑的两种最主要形式。佛寺往往由土木建构而成，易毁难久；石窟则因凿岩开洞且远离闹市，而得坚固长存。今天能看到的时代较早的佛教建筑遗存，以石窟居多，如克孜尔石窟、莫高窟、麦积山石窟、炳灵寺石窟、龙门石窟、云冈石窟，等等。这些石窟都建在远离闹市却又步行可至的僻静地方，采用依山凿窟、坚固耐久的建筑形式，历经千年沧桑仍能留存下来。而建筑于地面上的佛寺，往往会因历史上的战争、地震、火灾等原因而倾圮消失。石窟和佛寺虽然在选址和建筑上有区别，但是功能还是相通的，比如，莫高窟也曾称为仙岩寺，洛阳龙门石窟又称作奉先寺等。

|莫高窟洞窟形制|

莫高窟的洞窟从形制、功用上可概括为三大类别，即禅窟、中心柱窟、殿堂窟。若细分的话，还有大像窟、涅槃窟、影窟、僧房窟、瘗窟等比较特殊的窟形。

|禅窟|

禅窟是僧人坐禅修行所用的洞窟。这类洞窟，一般主室为方形或长方形，主室的正壁开一大龛，其中供奉佛像；在主室或过厅的南北两侧都开有小禅室，以便于僧人坐在其中修禅观像。这类窟往往属于比较早期的窟形。比如第285窟就是这样一个禅窟。

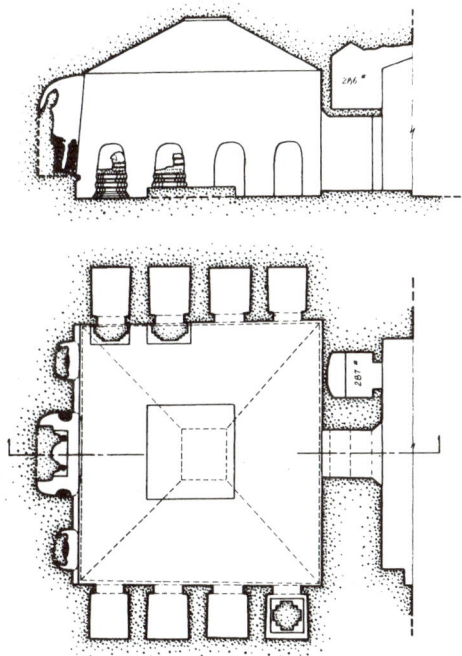

禅窟　莫高窟第285窟平剖面图

莫高窟第 285 窟壁画中的禅僧

｜中心柱窟｜

又称中心塔柱窟、塔庙窟，是北朝时期流行的建筑形式。洞窟整体为长方形，在石窟主室中央靠后部建有（其实是开窟时留下的）方形的塔柱，与窟顶连通，象征着佛塔；方柱上四面开龛，

中心塔柱窟示意图

莫高窟第 248 窟中心塔柱

内置塑像；塔柱与窟壁之间形成一个回廊，供僧徒信众绕塔礼拜及观像修行。石窟前部的窟顶是仿中国传统建筑形式的"人字坡"顶，后半部窟顶为平棋顶。

人字坡　指洞窟顶部呈人字形坡面的窟顶部分。中心塔柱窟的前半部分，窟顶往往仿照中国传统建筑的屋顶样式，做成人字坡顶，上绘图案。后来则以浮雕形式，在人字坡上用硬泥塑出大梁和椽子的形状，画上花草、人物图案，并在梁的两头做出斗拱，远看起来，就像一座华丽的木质建筑屋顶。这种变化，反映了源于印度的中心塔柱窟在中国流传的过程中，接受中国文化与审美

莫高窟第 431 窟的人字坡

影响而改变的情况。莫高窟从北魏到唐初的近二十个洞窟采用了这种窟顶形制。

| 殿堂窟 |

又称中心佛坛窟、佛殿窟，是莫高窟最主要的石窟形制，数量多、流行时间长。这类洞窟的主室呈方形，上面是覆斗顶，窟壁的正面开有佛龛，龛内供奉塑像。此类窟于北朝晚期出现，唐代以后流行最广。它的形制模仿中国宫殿建筑样式，

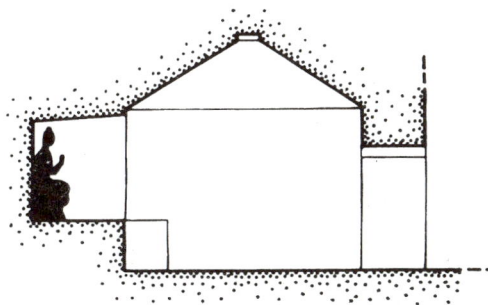

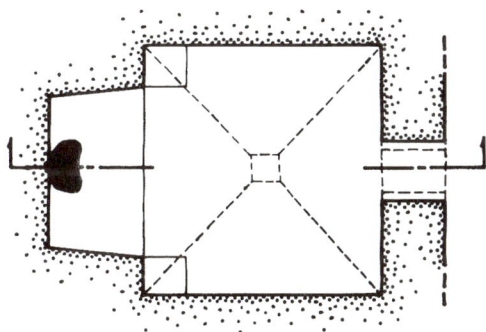

殿堂窟　莫高窟第 217 窟平剖面图

内容空间比较大，因为窟顶的形状像一个倒扣着的斗，所以也叫作覆斗顶窟。

莫高窟第 285 窟内景

| 大像窟 |

在敦煌莫高窟，比较引人注目的还有一类特殊形制的洞窟，即大像窟，又称大佛窟，是为供奉大佛像而修建的。敦煌的大像窟有三处，即莫高窟第 96 窟（俗称北大像）、第 130 窟（俗称南大像），以及榆林窟第 6 窟。这些洞窟下大上小，覆斗形顶或圆穹形顶，其中第 96 窟顶部敞开，外面及顶部加盖上木构窟檐作为保护，这便是著名的九层楼。楼内的大佛像是莫高窟的第一大佛，俗称北大像，佛像高 35.5 米，也是我国第一高的室内大佛。

莫高窟第 96 窟大佛像

窟前殿堂　窟前殿堂一般建在石窟的前面，后面与洞窟相连，形成前殿后窟的建筑样式。从莫高窟遗存的窟前殿堂遗址来看，许多洞窟如 130、98、100、61、152 窟等均曾修建过窟前殿堂。这些殿堂多为砖包台基殿堂，殿堂的西壁多利用窟外崖壁，南北两侧夯筑山墙，前有踏步，与后部石窟相连。殿堂地面多铺设花砖。其中 130 窟前的殿堂最为壮观，殿堂南北长 21.6 米，东西进深 16.3 米，有两个长方形的塑像台座，上面原曾立有四身高达 7 米的天王像，均已不存。现在，人们只能在游览此窟时透过窟前地面铺设的透明玻璃，看一看当年殿堂遗址的规模。

壁画中的古代建筑　莫高窟壁画中保存了大量隋唐时期的各种建筑图像，让我们可以看到隋唐乃至更早时

莫高窟的古代木质窟檐

期的建筑形象。这些壁画对古代建筑的表现，除却对各
种不同单体建筑，如殿堂、城楼、城门、桥梁、佛塔、
亭台、楼榭、店铺、旅舍及监牢等图像的展示，还分别
从大、小两个角度，对建筑群组以及建筑相关组合部分
给予了形象而概括的描绘。大的方面，以开阔的视角表
现了古代建筑群体的平面布局和空间组合，如城市、宫
殿、寺观、民居等等；小的方面，以细微的笔触，对建
筑的组合部分如屋顶、屋脊、屋檐、斗拱、廊柱、门窗、
构栏、台阶等进行了描绘，以及内部设施、器具如床榻、
几案、帘帏、幡盖、椅凳、瓶罐等，加以精炼简洁的表现。
这些建筑图像，如实记录了古代建筑在隋唐时期发展的
具体内容与技术水平，形象展现了古代建筑的艺术魅力，
弥补了实物缺失的遗憾。如第 61 窟西壁所绘的五台山图，
顺山势、道路绘制出城池、寺院、佛塔多达六七十处，
对建筑的表现细致而写实，堪称唐代建筑的写实画卷。

| 建筑花砖 |

花砖是敦煌古建筑饰件的重要组成部分。莫高窟出土的花砖
主要是铺地砖，从晋唐到宋元时代皆有，一般规格为 30 厘米见方，
厚 6 厘米左右。花纹以佛教题材为主，如八瓣莲花纹、如意卷草
纹、蔓草卷云纹、火焰宝珠纹等。其他题材的有雄狮、驯马图案
等，规格不一。三危山老君堂出土有唐代的翼马、龙、凤图案的

天马花砖

如意缠枝纹花砖

花砖，佛爷庙出土的胡人牵骆砖是墓砖中的精品。此外，还有莲花砖雕、鹤莲砖雕等饰件。

2. 敦煌石窟彩塑艺术

彩塑是洞窟的主体。进入洞窟，人们首先注意到的便是正面的彩塑佛像。由于敦煌石窟开凿于砂砾岩上，岩质疏松不适于雕刻，故窟中佛像往往由木胎泥塑而成，表面施以彩绘，故名彩塑。从十六国至清代的一千多年里，莫高窟中究竟塑造了多少身塑像，今日已不得而知，至今尚存者仍有三千多身，其中基本完好未经后代改造的原作有一千四百多身。这些塑像，绝大多数塑成于十六国至元代之间，少数为清代所塑。按照表现对象与内容，敦煌彩塑可分为佛、菩萨、罗汉、天王、力士、高僧等不同类型。塑像形态或立或坐，或大或小，有单个呈现的，更多以成组（专业的叫法称"铺"）的方式呈现，少则三身，多则数十身。

一般来说，隋以前的洞窟中，塑像多置于正面或南北两壁及中心柱四面的龛中，主尊多为弥勒像或释迦像，两旁有侍从菩萨，形成一佛二菩萨的格式。隋至唐中期的石窟，塑像多置于正面的大龛中，以佛为中心，两旁分列菩萨、弟子、天王、力士及高僧、供养人等。佛像有释迦牟尼、阿弥陀或弥勒，也有三世佛（过去、现在、未来）或三身佛（法身、报身、应身），以及卧式的涅槃像。晚唐以至元代的石窟中，塑像多置立于中心佛坛之上，有些数量多的可达九身。

| 佛像 |

莫高窟各个洞窟内的主尊都是佛像。按照佛经的记载，佛陀的容貌殊胜妙好，庄严德相天下第一，有三十二相、八十种好之说，合称"相好"。后世人们在描绘、塑造佛像时，都努力按照这些标准来加以表现，比如大直身相，是说佛的身体高大直立，没人高过他；又有两颊隆满、两肩圆满、长手过膝、长耳垂肩、眉间白毫、胸前"卍"字，以及螺髻、项光、毛孔右旋、手足指间缦网（类似于脚蹼）、发色绀青等相。这些常人所不具备的奇异容貌特征，在佛像中常可见到。虽然所有佛像都按"相好"标准来塑造，但不同时代又有不同时代的表现特点。

佛是洞窟塑像的主体，也是壁画的主体。洞窟内各类彩塑及壁画，都是以佛像为中心而展开的。

佛教常识　佛陀本指释迦牟尼，后来成为圆满觉悟者的总称，代表佛教修行的最高果位。佛陀、佛是释迦

莫高窟第 332 窟佛与菩萨

牟尼的代名词，但又不专指释迦牟尼佛。佛教中以佛为名号的极多，专门记载诸多佛名的《佛说佛名经》就有好几种。人们常说的有十方佛、七佛、三世佛、三身佛等等。

| 第130窟大像 |

莫高窟第130窟中所塑大佛像，又称南大像，是莫高窟的第二大塑像，为石胎泥塑弥勒佛倚坐像，高26米，仅次于第96窟的北大像。佛像建于唐代开元、天宝年间，规模宏伟，佛身倚崖而坐，双腿下垂，足踏莲花，左手抚膝，右手施无畏印。面部丰润饱满，鼻梁挺拔，双目微微下视，神态庄重慈祥。这尊大像，可谓是佛教相好观、美学视觉效果与盛唐时代气象相结合的完美体现。佛像整体高26米，但佛像头部就高达7米，就尺寸而言，并不符合人体比例标准，但是由于佛像塑造于洞窟之内，观者只能采取从佛足之下向上仰望的视角，所以这种头部设计虽然不合通常的人体比例，但综合考虑了人们就近从下向上仰望时的视觉差，佛头就比正常比例的佛像要大许多，所以观者抬头所见的佛像，是协调合理的，观者可以清晰地看到弥勒佛庄严慈祥的面容，从而更加增添了对佛的崇敬与信仰，有极好的宗教与美学效果。

莫高窟第 130 窟大佛

| 菩萨像 |

菩萨是"菩提萨埵"的略称。菩萨在佛教中的地位仅次于佛，位于阿罗汉之前，意为求道求大觉之人，指能以智慧求无上菩提，以慈悲度化众生，修诸波罗蜜行，于未来成就佛果的修行者。菩萨种类很多，称呼多种多样，形象也比佛更加生动活泼。敦煌石窟中的菩萨塑像，除作为主尊的交脚菩萨、思惟菩萨之外，更多是作为佛的侍从菩萨而成对出现，位于佛像两侧，主要是观音菩萨与大势至菩萨，或站立或呈游戏坐，姿态闲适放松；还有地位更低一点的供养菩萨，位于群像外侧，往往呈现胡跪姿态。

盛唐第 45 窟主室西龛北侧的菩萨像，是莫高窟彩塑代表作

莫高窟第 45 窟西龛内北侧菩萨　　莫高窟第 159 窟西龛内北侧菩萨

莫高窟第 248 窟苦修像

莫高窟第 384 窟西龛内北侧菩萨　　莫高窟第 194 窟龛内北侧菩萨

之一。该像位于佛弟子与天王之间,立于莲座上,身体呈"S"形,体态优美丰腴,肌肤白皙,发髻高挽,头部微倾,面形圆润,双目微睁,嘴角上扬,神情安详,若有会心。胸佩璎珞,肩挂披帛,腰系锦绣罗裙。塑像通过造型、姿态、面容、神情与衣饰、色彩的和谐统一,生动塑造出一位人们理想中的美丽仁慈、悲悯众生的菩萨形象。

　　佛教常识　观音在中国四大菩萨中最为著名。观音,又称观自在,是阿弥陀佛的左胁侍,西方三圣之一。观音有三十三种变相,所以在不同的佛经体系中,观音的形象也不相同，如华严系统中为普陀洛迦山观音，即水月观音；西方净土中，观音往往戴化佛冠和宝瓶冠，作为阿弥陀佛的胁侍，接引往生者前往极乐世界；在法华经中，观世音菩萨则是救苦救难的形象。另外还有白衣观音、杨柳观音、送子观音等不同形象。

天王像

敦煌石窟的彩塑中，天王经常与一佛、二弟子、二菩萨同时出现，站立在最外边的两侧。其形象呈立姿，有的挺胸挥臂，有的叉腰站立，身体强健，面容饱满，怒目圆睁。身着铠甲、护膊，腰系膝裙，肩挂披巾。姿态孔武有力，威风十足。如盛唐时期的莫高窟第45窟外侧的两尊天王立像，体形健硕有力，身穿铠甲，顶发高束，一手叉腰，一手握拳，脚下各踩着一个小鬼，豹头环眼，面方口阔，蹙眉怒目，一位张口怒喝，另一位紧闭双唇，充满威严雄壮之气，显示出十足的护法气势。

莫高窟第 45 窟天王像

四大天王　四大天王是佛教护法神，俗称四大金刚，指东方持国天王、西方广目天王、南方增长天王、北方多闻天王。其形象在莫高窟的彩塑、壁画中很常见，往往身着甲胄，头戴兜鍪，手执兵器，脚踩小鬼，怒目环睁，显得雄壮有力，英武非凡，彰显出大将的神勇之气。五代宋初，多在窟顶四角绘制其形象，以作为镇窟天王。

第 328 窟彩塑群像

第 328 窟是初唐所开洞窟，为这一时期的代表窟，以彩塑富有艺术感染力而闻名中外。窟内正面龛内，塑有一佛二弟子二菩

莫高窟第 328 窟正壁龛内佛像

萨，以及四身供养菩萨像。佛盘腿坐于中间，身形比旁边的弟子、菩萨高大许多。两侧弟子，年老沉静的迦叶，形容枯槁，紧锁双眉，合十而立；年轻朝气的阿难，面容圆润，活力显露，双手合抱于腹前。再向外侧，分别是两身呈游戏坐姿的胁侍菩萨和四身胡跪姿态的供养菩萨。胁侍菩萨均是外侧一腿盘曲于座，内侧一腿自然下垂，这种坐姿称"游戏坐"，显得随意自在。胡跪的供养菩萨分别处在佛龛外沿，形体更小，虔诚恭敬。不过，原本两两对应的四身供养菩萨，现在只能看到三身，位于龛南外侧边的一身胡跪菩萨像于1924年被美国探险家华尔纳盗走，现藏于美国哈佛大学福格艺术博物馆，洞窟中只剩下圆形的底座。

3. 敦煌石窟壁画艺术

敦煌壁画是指在石窟的甬道、四壁及顶部所绘制的各式各类的图画。壁画的表现内容丰富广泛，画作精致细腻，保存质量与色彩亦佳，这是敦煌石窟有别于其他石窟的最大特点和独具优势。

从数量看，敦煌石窟共保存壁画5万多平方米，其中莫高窟占了4.5万平方米，最大单幅壁画达40余平方米。

从时代看，从北凉到元代，延续千年而不绝。

从表现内容上看，敦煌壁画所绘全为佛教主题，大致可区分为佛像画（尊像画）、佛教故事画（佛传故事、本生故事、因缘故事、史迹故事等）、中国传统题材画、经变画、供养画像，以及装饰图案画等数种。

| 佛像画 |

佛像画也叫尊像画。尊像指佛教所供奉与崇拜的各类单体或群体的佛、菩萨等像，佛教尊像画就是描绘尊像之图画。佛、菩萨、声闻、弟子、天王以及诸天护法神之像都属于尊像画。"观像"是佛教修行的重要方式之一，佛像画自然也就成为壁画所要着力表现的核心，因之也是敦煌石窟壁画中出现最早、延续时间最长而数量又最多的内容。佛像如释迦牟尼佛、弥勒佛、阿弥陀佛、药师佛等，菩萨如观音、大势至、文殊、普贤、地藏等，佛弟子如迦叶、阿难、舍利弗，以及天王、力士、天龙八部等等，这些尊像经过虔诚画工的精心描绘，表现细腻传神，形象各有特点，有的庄严慈悲，有的优雅含蓄，有的刚劲威猛，有的世俗可亲，既体现着佛教的教义与思想，也是水准极高的艺术杰作。

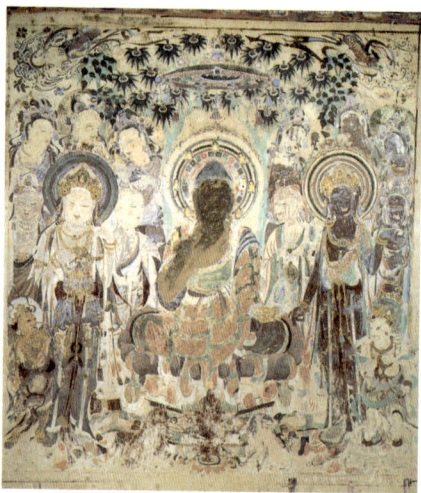

莫高窟第57窟南壁说法图

说法图　说法图主要表现释迦牟尼佛为大众说法的场面。释迦牟尼的一生，绝大部分时间都在传道说法，度化众生。莫高窟中描绘佛陀传道说法的壁画很多，画面以佛为中心，两侧有胁侍菩萨、佛弟子以及天王、天龙八部等众多形象围绕听法，周围还绘有装饰图案及宝盖、水池等。有时也会画出三身、五身或更多的佛像。在这些图像中，与佛陀庄严持重、少于变化的形象不同，菩萨的形象要生动活泼许多，也更加富有特点。如莫高窟第57窟南壁说法图中左侧的胁侍菩萨，头戴化佛冠，身披璎珞，衣饰华贵，体态优美，面容宁静，若有所思，显得格外雍容高雅，是菩萨画像中的杰出代表。

莫高窟第95窟罗汉

壁画中的听法帝王　莫高窟第 220 窟、332 窟、335 等窟的维摩诘经变中，绘制有听法的帝王图像与外国王子图像。将之与传世的唐代阎立本《历代帝王图》相比，人物形象、神态和绘画风格都非常相近，如帝王都是身着衮冕，体态雍容，大臣们簇拥左右，帝王衮服上绘制出十二章纹样，等等，说明绘制这些画像时，敦煌的画工可能借鉴了来自宫廷的粉本。莫高窟保存下来的这些稀世珍品，经历了岁月流转，使今人能借此一窥唐代宫廷画作的风貌，实属难得。

| 佛传故事画 |

佛传故事画是表现佛祖释迦牟尼生平与教化事迹的传记性绘画。释迦牟尼本名乔达摩·悉达多，原是古印度迦毗罗卫国的太子，年轻时有感于人生老病死的各种苦恼而出家修行，经过禅定、苦修与静思而得悟道。他创立了佛教，四处传教说法，弟子众多。80 岁时涅槃。莫高窟中的佛传故事画依据佛经内容而绘制，既有表现其一生完整事迹的，也有重点表现某一具体事迹，如入胎、出生、出家、悟道、降魔、成佛、说法及涅槃等情节的。绘画结构形式多样，有单幅画、单幅组合画，也有连环画和屏风画等。其中一些题材非常流行，反复出现，如乘象入胎的故事，从北朝至五代的十几个窟中都有描绘，表现能仁菩萨乘白象而行，投入摩耶夫人胎中；夜半逾城的故事更是流行，表现太子决心出家修

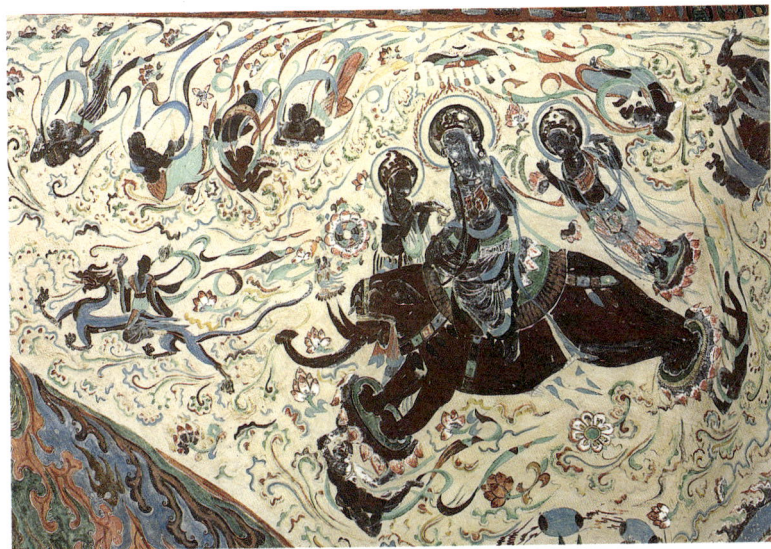

乘象入胎　莫高窟第329窟西壁北侧　初唐

夜半逾城　莫高窟第329窟西壁南侧　初唐

行，夜半趁众人熟睡时，在诸天神的帮助下，骑马逾城而出。早期表现内容简单，仅绘太子骑马独行一个画面，后来逐渐丰富。如五代的第 61 窟中，此情节增至十余个画面，细致表现国王如何防范，太子如何逾城以至山中修行的过程，其中逾城一节，绘太子骑在白马之上，四天王托起马足腾空，周围药叉、大梵天王与诸天左右围绕，引导护持前行，内容饱满，又富想象空间。

| 本生故事画 |

本生故事画是描绘、表现释迦牟尼佛在过去无数世中教化众生、普行六度之种种事迹的图画。莫高窟前期壁画中有很多这类内容的画面，有些是单幅图像，有些以连环画的形式绘于窟顶人字坡上。著名的故事有摩诃萨埵舍身饲虎、尸毗王割肉贸鸽、九色鹿本生、虔阇尼婆梨王剜身燃千灯、毗楞竭梨王身受千钉、独角仙人本生、月光王施头本生、快目王施眼本生等多种。

尸毗王本生故事画　尸毗王本生是一个非常有名的传说，讲的是佛陀于过去世为尸毗王时以自身代替鸽子喂食饿鹰的故事，也叫"割肉贸鸽"或"舍身喂鹰"。故事是这样的：过去世阎浮提有一位尸毗王，倾心佛法，愿普救众生。一天，遇到老鹰追逐鸽子，他救下鸽子，但鹰却说没有鸽子充饥，它将饿死。为了让它们活下去，尸毗王愿割取自己身上的肉喂饲饿鹰。鹰要求割下的肉要与鸽子等重，可是直到王身上的肉都快割尽，仍抵不上鸽子的重量，于是尸毗王纵身坐上秤盘，以全身来替代鸽子。他的献身精神感动了天地，老鹰鸽子突然间皆不见，变成了帝释天与

莫高窟第 254 窟北壁　尸毗王本生

他的近臣毗首羯摩。原来是这两位神灵化身为鹰鸽来试探尸毗王的志行的。帝释天运用神力使尸毗王恢复了原状。

敦煌壁画中的尸毗王本生故事画，出现在北凉第 275、北魏第 254、隋第 302，以及五代时第 108、第 72 等窟中，分别以立体式单幅画与屏风画的形式表现这个本生故事。第 254 窟中的画面，即是立体单幅式形式，在同一幅画中以不同的画面分别表现故事的连续发展，主要表现这几个情节：飞鹰逐鸽；尸毗王手中持鸽救护；侍者持刀从尸毗王腿上割肉；一人提秤，两头的秤盘中，一面站着鸽子一面坐着尸毗王；尸毗王肉身复原，周围天人眷属赞叹散花。整个画面中，尸毗王位于正中，坐在王座上，头戴王冠，一手托着鸽子，一手举在胸前，一腿屈起，旁边侍者正用刀子割肉，两旁的眷属臣下显出悲伤不忍的神情，画面上部是天人飞动赞叹散花的情景。人物神态生动，表现细腻，是此类故事画的代表作。

九色鹿本生故事画 九色鹿本生故事画绘制在北魏第 257 窟西壁上，以连环画的形式，用九幅图来表现故事的关键情节。

此画依据《佛说九色鹿经》绘制而成。故事说，在古印度恒河岸边，生活着一只斑斓美丽的九色鹿。一天，它听到有人落水

莫高窟第 257 窟西壁　九色鹿救溺人

呼救，便跳进河中将落水者救出。获救者叫调达，他发誓要报答救命之恩，九色鹿叮嘱不要将自己的消息告诉他人。王后梦见一只长着美丽花纹的鹿，便想要用鹿皮做衣服。国王张榜重金求鹿，调达看到告示，便违背承诺，带领国王来捉拿九色鹿。九色鹿看见带路的调达，便明白了一切。九色鹿向国王讲述了救人之事，国王深感惭愧，下令不许任何人伤害九色鹿。最终，调达因背信弃义而浑身长疮，王后也因贪婪之念而心碎。

壁画以土红色作底，九色鹿的身体是白色的，其上布满彩色斑点，显得相当醒目。鹿的体态优美，劲健生动。画面构图也很有特点，并未按照故事情节发展顺序单向排列，而是从两端开始叙述，渐次向中央靠拢，将故事的高潮与最后结局部分放置于中央，加以突出呈现。九个画面连续起来，完整表现出故事的主要情节，形象生动地表现了佛教善恶报应的思想。

|因缘故事画|

因缘一词出自佛教，指引出或造成结果的原因。佛教认为万事皆有因果，因缘故事画便是以图画的形式表现因果报应故事、宣传佛教义理的壁画。莫高窟中的此类绘画有须摩提女请佛、弊狗因缘（257窟）、沙弥守戒自杀、微妙比丘尼受难因缘、度恶牛缘、五百强盗成佛等十多种，渲染因供养、布施等功德而得善报，以及佛度众生时的各种神通等等。

莫高窟第 285 窟南壁　五百强盗成佛因缘故事图

　　未生怨与十六观　到莫高窟参观，常会听导游讲到
"未生怨""十六观"，也会在第 320、第 171、第 172 等
窟的经变画中看到相关故事画面。这其实是观无量寿经
变的一部分，分两列纵排在经变画的两侧。观无量寿经
变的主体，着重描绘西方极乐世界场景，主尊阿弥陀佛
居中，两侧是观世音、大势至菩萨，周围环绕众多的佛
菩萨、飞天和歌舞伎乐，富丽堂皇的建筑、宝池，以及
莲花化生等景象。未生怨、十六观则以连环画的形式对
经变的主旨内涵加以阐释和图注。

　　未生怨故事是这样的：王舍城的国王瓶沙王有个儿子叫阿阇世，从小受到宠爱。成年后，阿阇世忽然心生恶念，举兵政变，将国王囚禁于深牢中，意图饿死。王后韦提希夫人偷偷将葡萄汁灌在璎珞中，把蜜面涂在身上，去见国王，给他充饥。二十多天后国王未死，阿阇世拷问狱卒，知道实情，便命人用铁钉钉死国王，囚禁母亲于深宫。韦提希夫人深感不解，每日祈佛叩问。佛便来到王宫，为她解说了过去现在的因缘。原来，当初瓶沙王和王后年老无子，请相师占卜，相师告知他们将

莫高窟第23窟　未生怨　盛唐

会有一子，但此子尚在山中修行，还不到转世投胎的时候。瓶沙王派人找到那个修行者，断其水源，使之渴死。但王后还是没有怀孕。瓶沙王又询问相师，相师告知他，渴死的修行者变成了兔子，等兔子寿终，便可投胎成为其子。瓶沙王又派人到山中猎杀兔子，凡抓到兔子都用铁钉钉死。最后，王后终于怀孕，产下太子阿阇世。

听完佛祖所讲因缘，韦提希夫人无限悔恨。佛祖便教给她十六种摆脱尘世烦恼的方法，以修行解脱。

佛祖所讲的这十六种方法，便是十六观，也叫十六观想、十六观法，是通过对弥陀身体与净土的忆念观想而求得往生净土的一种修行方法，有日想观、水想观、地想观等等。根据释迦牟尼的教示，韦提希夫人观想日落情景、清澈河水、极乐国土、宝树、华座、佛菩萨像等西方极乐世界的种种场景，最终得以解脱，往生西方净土。

| 佛教史迹画 |

指描绘佛教传说和传播历史中有关人物、事件、圣迹、瑞像的灵异感通等内容的图画。内容多取材于高僧事迹与圣迹神验记载及《汉书西域传》《大唐西域记》等典籍，一般分为佛教历史画、感通故事画、高僧事迹画、瑞像图、佛教图经等几大类。如初唐第323窟所绘史迹图，既有反映佛教东传历史的"张骞出使西域

图",表现神验灵异的"释迦浣衣池""吴淞江石佛浮江",也绘有佛图澄、安世高、刘萨诃等高僧洗肠、灭火、听铃辩吉凶等神验传说内容。中晚唐到五代的洞窟中表现各地圣迹、灵异的瑞像图较多,如"摩伽陀国放光佛瑞像图""于阗国牛头山瑞像"等,以及对五台山、峨眉山等佛教圣地的地理形象描绘等。整体来说,这类壁画在初唐到五代时期出现较多,吐蕃统治时期尤盛。

|经变画|

经变画也称为经变、变或变相,是指按照一部或者几部佛经的内容绘制而成的壁画,即用图画的形式将佛经的内容、主旨以及佛说法的场面组织成首尾完整、主次分明的大幅壁画加以表现,

莫高窟第 220 窟南壁　阿弥陀经变

以更好地传播佛教思想。经变画是隋唐以后敦煌壁画的主要表现题材。佛经主要记载佛陀向众弟子、菩萨及信徒讲解教义理论与修行方法等内容，为使教义通俗易懂，往往会通过许多故事、譬喻等事例加以讲解。为使大众更直观地接受佛教思想，经变画不仅描绘佛讲经说法的场面，同时也有一些佛教故事情节与画面。

莫高窟壁画中有三十多种经变画，常见的如西方净土变、阿弥陀经变、东方药师变、弥勒经变、法华经变、维摩诘经变、无量寿经变、华严经变，以及涅槃经变、普贤变、文殊变、福田变等。这些经变按表现形式，大体可分为叙事性经变与净土图式经变两个类型。叙事性经变有一定的故事情节，或以情节为线索来表现佛经内容，如早期的涅槃经变、维摩诘经变；净土图式经变主要描绘佛所在的净土世界及其场面，如西方净土变、阿弥陀经变、药师经变、无量寿经变、弥勒经变、法华经变等。这类经变往往以佛为中心，表现周围众多弟子佛徒及天神、凡人等听法的场面，以及净土世界的华丽美好，场面宏大，人物众多。一般可分为上中下三个部分来观看，下部（下层）是伎乐歌舞及供养诸人，中部（中层）是佛与众弟子、菩萨及莲花宝池、宫殿楼阁等，最上层是天界诸神及飞天等。画面由近及远，阔大宏伟，结合人物群像、建筑、山水等综合手法以表现空间，呈现出一个具体可感的美妙绝伦的佛教净土世界，使得经变画成为最富有中国特色的佛教艺术形式。

经变画的位置。唐代前期，通常在石窟的南北两侧壁及门左右两侧绘制通壁大幅经变，中唐以后，随着经变画种类的增多，一壁中会排列二到三幅经变，五代时还有在大窟壁上绘出五幅经变的情况。

善事太子入海求宝珠故事画　这是报恩经变的一部分，根据《大方便佛报恩经》中《恶友品》的内容所绘制。故事讲的是，古印度波罗奈国王有两个王子，一个叫善友，一个叫恶友。善友聪明仁慈，恶友顽劣暴虐。善友哀悯众生，征得国王同意，打开国库救济穷人，久之国库将空，善友决心入海向龙王求取摩尼如意宝珠。恶友同去，兄弟二人率众乘船入海，途中遇金山、银山、七宝山，恶友贪心以至装载过重而沉船，恶友逃归。善友到达龙宫，获得宝珠，归途中遇恶友，被恶友刺瞎双眼，夺走宝珠。善友幸得牛王及牧人救护，拔去毒刺，得以不死，流落师利跋国为王宫看守果园。他在园中弹琴抒怀，被公主听到，引为知音，二人结为夫妇，善友说明身世，双眼复明。善友携妻归国，见到国王，讲述了事情原委，并宽恕了恶友，索回宝珠，变现衣食济困扶弱。经变画选取其中主要情节，绘制了"出海""龙宫取宝""兄弟相会""刺目夺宝""牛王舐目""树下弹琴"等情节。

| 壁画中的乐舞 |

乐舞图是敦煌壁画艺术的重要组成部分，几乎每个洞窟中都绘有乐舞形象。大致来说，壁画中的乐舞可分为天宫乐舞与民俗乐舞两类。天宫伎乐、飞天伎乐、化生伎乐、经变画伎乐等属天宫伎乐；供养人行列中的乐舞场面和佛传故事画里的人间生活乐

莫高窟第 112 窟南壁　反弹琵琶

舞场景及礼拜、祭祀舞蹈等则属于民俗乐舞。通俗而言，也就是佛国世界里的都是天宫乐舞，人间场景中的都是民俗乐舞。

　　反弹琵琶图像　反弹琵琶是莫高窟最负盛名的乐舞图像，主要表现女性舞伎反弹琵琶的绝妙姿态。舞伎盛装高髻，在茵毯上边舞边弹，姿态活泼，舞姿劲健，飘逸飒爽，美不胜收。反弹琵琵图像多出现在经变画中，是净土世界中供养佛的天宫伎乐的重要组成部分。莫高窟的反弹琵琶图像有十多幅，主要在中唐到西夏时期的壁画中，是中唐以后净土信仰在敦煌流行的反映。莫高窟第112窟南壁观无量寿经变中的反弹琵琶图，是此类壁画里最著名的一幅，绘于经变画的下部。其中的舞伎位于装饰华美的殿前台阶的中央，正在两旁乐队的伴奏下，一边舞蹈，一边将琵琶置于脑后反手弹拨。舞伎赤脚，左腿微屈，以足尖支撑身体，右腿屈膝高提，脚部用力勾起，身体右前倾，左手执按琵琶，反背于脑后，右手屈于背后拨弦，边舞边弹。随其舞动，肩上丝巾飘动生风，表现出跃动劲健和飘逸的姿态，生动刻画出舞伎提腿前倾、侧身反弹的一瞬间的力与美。人物姿态优雅，动作矫健，神情专注。这个形象富有代表性，成为敦煌乐舞的典型形象，也被敦煌市选为市标形象，塑像立于城市中心。

飞天伎乐　飞天是佛教艺术创造出来的一种翱翔于佛国天宫的伎乐神，为护卫佛法的天龙八部之一。飞天的"天"，指的不是自然的天，而是神灵。飞天也称乾闼婆或紧那罗，在梵文中，乾闼婆是天歌神之意，因其散发香气，也叫香音神；紧那罗为天乐神。他们能歌善舞，形影不离，在佛国世界里为佛陀、菩萨及众神奏乐歌舞、抛撒香花，营造欢乐祥和的氛围。后来其形象不断变化，职能逐渐合一，演化成为体态婀娜、飞翔天空、歌舞奏乐的飞天。

敦煌莫高窟的飞天，早期多是受西域影响的健壮朴拙形象，

莫高窟第 272 窟北壁上层飞天

莫高窟第 249 窟飞天

莫高窟第 172 窟北壁经变上部东侧飞天

后受中国文化影响，变得清瘦飘逸，呈现仙袂飘飘、飞舞灵动的特点。隋唐时期，飞天形象变得更加世俗化与女性化，彰显雍容华贵的同时又飘逸俏丽，极富美感。

莫高窟壁画中的飞天，有的双手合掌，有的捧献花果，有的手捧花朵、花盘、花瓶、璎珞，或者抛撒鲜花，也有的手持乐器舞蹈演奏，等等，这些行为动作，都体现着飞天的这种宗教职能。但经由古代艺术家的奇妙构想与完美创作，展现于壁画中的飞天，更是美的化身和自由的象征，它的艺术审美价值更加突出，超过了原有的宗教价值。

敦煌飞天的形象多种多样，有童子飞天、伎乐飞天、献璎珞飞天、散花飞天、六臂飞天等。这些飞舞的精灵，身体轻盈舒展，体态优美俏丽，衣饰华美，面容俊美，神情安详欣喜。伴随着演奏与舞动，时而合掌礼拜，时而抛撒鲜花，时而捧物供献。或盈盈飘荡，穿梭往来；或腾空飞起，直冲云霄；或从天而降，飘飘

莫高窟第 158 窟西壁持璎珞飞天

莫高窟第 320 窟南壁双飞天

而至，裙裾飘曳，彩带当风，充满了动感与活力。

莫高窟的飞天往往绘制于洞窟的上方，如四壁上端、窟顶、人字坡、龛顶、龛楣、背光等处，也出现在经变画、说法图上方的天空中。据统计，在敦煌莫高窟有塑像壁画的 492 个洞窟中，几乎每窟都有飞天形象出现，总数多达 6000 余身。可以说，莫高窟荟萃了中国乃至世界上最多也最美的飞天图像。因此，飞天也就成为敦煌艺术的突出标志。

| 中国传统题材画 |

这类绘画以中国传统神话或神仙故事作为题材。画作主要集中在北魏西魏的第 285、249 等窟的顶部,通常绘在顶部的四坡上,或者佛龛两侧的上部。这些覆斗形窟顶的四坡上,上部绘云气以表示天界,下部画山林野兽表示大地,构成一个具有宇宙空间感的仙界,中国传统的神话人物与神灵便在这个境界的中间以飞动奔赴的状态被描绘出来。

第 285 窟中的伏羲与女娲绘于窟顶东坡,中间为摩尼宝珠,伏羲、女娲相向而奔,均是人首龙身,胸前分别有圆形的日轮与月轮,伏羲在右,两手擎矩,女娲在左,一手持规,一手持墨斗。皆身着大袖襦,肩披长巾,衣袖飘举。

莫高窟第 285 窟西坡　雨神

莫高窟第 329 窟西壁龛顶　雷神

第249窟顶的南北两坡分别绘有西王母、东王公，各乘凤辇、龙车相向而驰。西王母着大袖长袍，梳高髻，端坐辇上，御者立于旁侧，又有骑鸾仙人从旁导引。辇有华盖，上插旌旗，周围还有仙人神兽相扈从。北坡上部有损坏，东王公形象大部不存，余其所乘龙车及随行仙人与神兽。

与伏羲、女娲及西王母、东王公图像相配合，这些洞窟的四坡上，还绘有传统的雷公、霹电、飞廉、雨师等自然神灵图像，以及朱雀、玄武、开明兽、禺强、乌获等祥禽瑞兽及神灵在周围奔跑飞动，共同组成了中国人所追求艳羡的神仙境界。这类题材与绘画出现在佛教洞窟之中，表明在时人的眼中，佛国天宫同时也是神仙之境，佛徒们潜心修行追求正果，道士们修仙炼气以求飞升，他们的最终目标是一致的。说明了佛教信仰与中国神仙信仰的融汇。

| 供养人画像 |

供养人画像是敦煌壁画的一个重要组成部分。供养人一般指出资建窟造像来供养佛的功德主，供养人像是绘制在洞窟内的功德主的画像。敦煌壁画中的供养人像超过九千身，均呈面向中心佛像侧身站立、虔诚恭敬的礼佛姿态。供养人像往往有题记，载明身份，彰显功德。其身份，既有敦煌地方统治者、文武官员，也有寺院僧尼、士庶百姓，也有行人社众、画师塑匠、奴婢车夫，

莫高窟第 159 窟东壁　吐蕃赞普供养图

还有敦煌周边及丝路上的少数民族统领、王子、平民、商旅等。北周的第 428 窟是保存供养人像最多的洞窟，存有一千二百余身。早期供养人像多为单身，体量较小，中晚唐及五代宋初的归义军时期，供养人像普遍增多，不仅窟主本人，连同家族成员、已故祖先、姻亲眷属等众多人物都绘于窟内，形体也变高变大，多与真人等身，有的甚至超过真人，高达两米。供养人像所处的位置，也从最初的四壁、中心柱、佛龛的底端，逐渐发展到甬道两侧，越来越引人注目。晚唐以后敦煌大族所开洞窟中供养人像尤多，祖宗三代，主仆亲眷，俱汇一窟，人物形象众多，尊卑等级有序。归义军时期的出行图，如张议潮、曹议金的统军出行图，及相关的宋氏夫人出行图、回鹘公主出行图等，也可看作一种特殊形式的供养人像。敦煌这些数量众多的供养人画像及其题名，不仅可使今人窥见一千多年前敦煌社会的政权转迁、家族沉浮、民族构成等，也可了解古代服饰文化发展演变的情况。

于阗国王李圣天夫妇供养像　五代宋初曹氏时期所开石窟中，绘有众多供养人画像，这些供养人画像，不仅有独特的社会历史价值，也代表了当时人物画的最高水平。如第 98 窟供养人画像中，绘在东壁南侧与南壁下部的于阗国王李圣天及王后曹氏之像，引人注目。于阗王原姓尉迟，唐时因功被赐姓李，子孙相继，五代时国王李圣天与敦煌曹氏联姻，娶曹议金的女儿为王后。后晋天福年间，李圣天被册封为"大宝于阗国王"，因此榜题称"大朝大宝于阗国大圣大明天子"。李圣天的供养画像高达 2.8 米，

大朝大寶于闐國大聖大明天子

莫高窟第 98 窟　于阗国王像

身材高大，神情恭敬。他头戴冕旒，身着衮服，腰佩宝剑，左手执香炉，右手持鲜花。他身后的曹氏画像稍小，头戴凤冠，项饰珠链，身穿翻领大袖长袍，双手捧香炉，榜题上书"大朝大于阗国大政大明天册全封至孝皇帝天皇后曹氏一心供养"。于阗国王夫妇的供养像在敦煌石窟壁画中不止一处，是五代宋初敦煌与于阗两地关系友好往来密切的有力证明。

都督夫人礼佛图　这是一组盛唐时代的女性供养人群像，绘制在第130窟甬道南壁，榜题"都督夫人太原王氏一心供养"。王氏是晋昌郡都督兼墨离军使乐庭瓌的夫人。画面中，王氏居前，向右侧立于茵席之上，身后依次站立着两个女儿和九名婢女，一同虔诚礼佛。王氏梳高髻，髻上簪花、插饰钗梳，身穿织花石榴红裙，肩披轻纱薄縠披帛，雍容华贵；二女一着黄衫绿裙，一着白衫黄裙，披丝绢披帛；婢女则着男装，或拱手或执捧鲜花、壶、奁等物，侍立于后。上有华盖，旁有花草，生动表现出当时贵族妇女礼佛、拜佛的情景。画作精美典雅，对人物"曲眉丰颊""丰肌腻体"特点的表现，以及女性服饰、妆容、发饰的细致描绘，都真实客观地体现了唐代贵族妇女的审美风尚与追求，堪与传世画作《簪花仕女图》《虢国夫人出行图》相媲美，且更显大气华贵。

莫高窟第 130 窟　都督夫人礼佛图（段文杰摹）

　　壁画中的世俗生活　世俗生活的场景在壁画中有非常多的表现，主要集中在经变画中。人类生活的内容，从生产耕作、读书教育、娱乐游戏、婚礼宴饮、行旅往来、贸易交换，到狩猎征战、丧葬举哀等等，均可在经变画中见到。如福田经变描绘的伐木、造船、疗病、凿井、建筑、商队过桥等情景；法华经变中表现的医疗治病、商人遇盗、航海遇难、临刑、狱囚枷锁、折柳送别等画面；弥勒经变中对耕作、收获、婚礼、丧葬诸情景的描绘；楞伽经变中有关制陶、肉肆、狩猎、戴竿的表现；报恩经变中描绘

莫高窟第 454 窟东壁门　弈棋图

的入海航行、弹筝等情形，客观生动，表现细腻。这些世俗生活的情节与画面，虽然有着宗教的目的与寓意，但都是画工在世俗生活经验的基础上加以提炼而创作出来的，充满人间生活的情味，是社会生活的如实再现。

如盛唐第 23 窟北壁法华经变中的耕种收获图，就表现了一位农夫在乌云弥漫的田野里挥动鞭子赶牛耕作的情景；第 445 窟南壁的农耕图，表现"一种七获"的美好期盼，画面中不仅绘出了农人扶犁耕地、播种、收割、挑运、打场、入仓等生产过程，以及农忙时节人们在地头围坐吃饭的情景；还绘出丰收的粮食堆成小山，以及一位管家模样的人向坐在屋中的主人禀告的情景。

第 445 窟北壁还描绘了婚礼的场面：宅邸门外搭设帷帐，帐

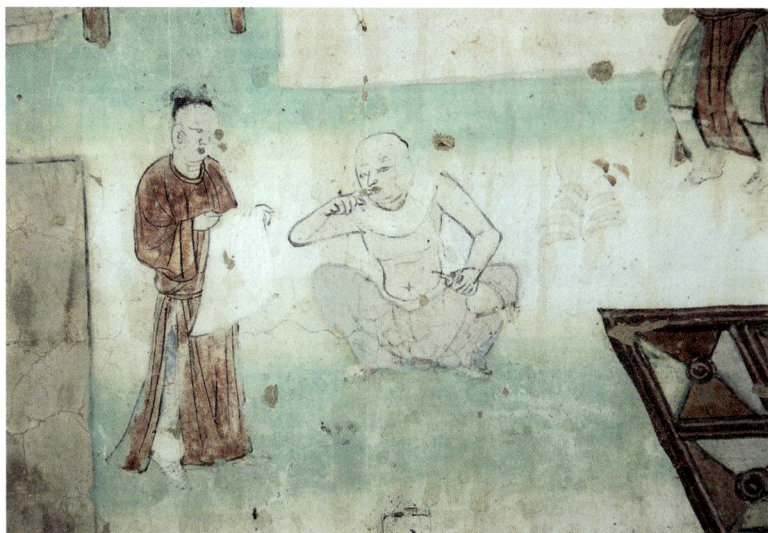

莫高窟第 159 窟南壁　净齿图

内宾客对坐宴饮，其外是屏风围起的会场，会场上一人在乐队的伴奏下起舞助兴。帐前新郎新娘正在举行婚礼，新郎跪拜宾客，新娘揖立于旁，侍婢往来忙碌，一派欢乐景象。

　　壁画中的人物服饰与妆容　敦煌石窟壁画所描绘的各种人物形象，无论是佛教人物还是世俗人物，其所着衣物服饰，大到衣裳、腰带、披帛、冠冕，小到髻形、发饰、妆饰等，其样式、颜色、搭配等等，都是不同时代、民族、阶层的人们身份地位的重要特征，也是生活审美、时代风尚以及物质水平发展的具体表现。敦煌石窟绵延千年，历经多个朝代与民族政权，各民族服饰都在壁画中有鲜明表现。比如汉族的代表性服饰，从西魏的褒衣博带、大袖裙襦，到北周隋唐时期的宽袍大袖、小袖裙襦、窄衫小袖、襕袍冠履,均有丰富表现;其他民族服饰,如北魏窄衫小袖的胡服,中唐时的吐蕃装,五代宋的回鹘装、西夏的党项装,元代的蒙古装,以及各个时代的佛、菩萨、弟子及僧人的袈裟僧衣等,皆有特色。人物服饰的内涵异常丰富,值得认真观察研究。

| 壁画中的装饰图案 |

壁画中,除去集中表现的主题内容与各种人物形象之外,丰富多样的装饰图案也是佛教壁画的重要组成部分,它可以增加美感、营造氛围、烘托主题,本身也具有很高的艺术价值。敦煌壁画中,无论是装饰石窟建筑的平棋、人字坡、藻井、花砖的图案,还是壁画的边饰、人物的服饰、佛像的背光和头光等,没有一幅是完全相同的。这些精美绝伦的装饰图案在装点石窟、造像及壁画的同时,也是一种可以独立存在、供人欣赏的艺术品。

藻井　藻井不是井,而是中国古代建筑中遮蔽内顶部的"天花"类结构的一种,呈内穹窿形,以木材层层交叠而成,再绘上藻纹等彩画,故称藻井。藻井的井,古人认为指的是二十八宿中的"井宿",象征着水。用"井宿"命名建筑的内顶部,再绘上菱荷、莲藻等水生植物的图案纹饰,使天水厌火的象征意义更加突出。所以说,藻井其实就是蕴含了保护建筑免受火灾寓意的内顶装饰。

敦煌石窟中的藻井是指覆斗形窟顶装饰图案,因与古代建筑的屋顶结构藻井相似而得名。主要绘制在覆斗形顶部中心的

莫高窟第 329 窟窟顶之莲花飞天藻井

方井之内，四周图案逐层展开，使石窟窟顶显得更加美丽，也更高远深邃。

莫高窟的藻井多达 400 余顶，保存大多完好。藻井由井心、井外边饰、垂幔三部分组成。井心向上凸起，四边为斜坡面，上窄下宽，构成覆斗形状。人们依据井心图案与纹样对藻井予以定名，如灵鸟莲花藻井、云头团花藻井、三兔莲花藻井、斗四方井套叠藻井、团龙藻井、葡萄石榴藻井、莲花飞天藻井等。敦煌藻井图案形象丰富，色彩瑰丽，庄严华美。

大量精美的藻井图案，描绘了初生的嫩芽、含苞的蓓蕾、怒放的花朵和累累硕果，有的写实，有的变形，构成一幅幅生机勃

莫高窟第 130 窟藻井

勃的图画。其中，莲花图案在藻井中出现非常之多。佛教中以莲花象征佛国净土，莲花具有圣洁光明与再生的含义，人们希望通过莲花化生，进入极乐世界。佛教思想在精美绝伦的莫高窟藻井图案中得到了完美体现。

三兔藻井　又称三兔莲花藻井，是以三兔、莲花为方井内主要花饰的藻井图案。这类藻井图案的独特主要表现于井心部分，在井心莲花的中间绘三兔，首尾相接，连环追逐，营造出明显的奔跑旋动感。仔细看，三兔统共画出了三只耳朵，形成一个三角形，每只耳朵都为相邻两兔所共用，所以看起来每只兔子都有两耳。这种图

180

案的绘制表现出古代艺术家对动态事物的深入观察和对
视觉规律的精准把握，匠心独运。三兔莲花藻井主要出
现在隋唐时期的石窟中，如第 407 窟、第 205 窟等。其
中隋代的第 407 窟藻井，方井莲花心中是三只逆时针方
向飞奔追逐的兔子，三兔共用的三耳形成一个三角形，
从形状上打破了圆形莲花和方形外框的板正与稳定，增
加了动态；莲花外绘制出环绕飞翔的八身飞天和旋动的
云气花朵，与井心奔跑的三兔相呼应，营造出一种天风
浩荡、周旋不已的氛围。整个藻井结构谨严，造型生动，
色彩华美，图案精致，堪称隋代藻井的代表作。

莫高窟第 407 窟三兔藻井

　　壁画人物的"小字脸"　莫高窟壁画中有一类俗称
为"小字脸"的菩萨或飞天形象。这种壁画形象并不是
一开始就这样的，而是变色的结果。早期壁画绘制技法
中采用西域传来的凹凸晕染画法，分层叠染或晕染人脸
部色彩，再于眼部、鼻梁等隆起部位加白色绘画以表现
高光，又以线描定型，便形成肤色红润富有立体感的形
象。这些绘画由于年代久远，所使用矿物颜料的颜色逐
渐褪落或者变色，人脸整体变为灰色或黑色，但白色并
没变，这种情况下以白色勾画的双眼、鼻梁的颜色反而
更显突出，看起来极似白色写出的"小"字，故被称为"小

莫高窟第 428 窟西壁人物的"小字脸"

字脸"，或称"五白脸"。这些绘画多保留在隋以前的北朝洞窟壁画中，如第 257 窟、第 249 窟、第 428 窟中的菩萨、飞天。

（三）莫高窟代表窟选介

第 275 窟——北凉石窟的代表

莫高窟的北凉石窟位于莫高窟南区窟群的中部，开凿于北凉统治敦煌时期（401—439 年），是莫高窟现存开凿时代最早的洞窟群，有 7 个编号，因其主室编号为 268、272、275，故统称"北凉三窟"。第 275 窟是其中的代表。该洞窟为纵长方形盝顶窟，正壁塑交脚弥勒一尊，南北两壁上部各开两个阙形龛和一个双树龛，龛内塑交脚菩萨和思惟菩萨，下部绘制佛传画和本生故事画。窟内主尊位于正壁中央，背靠倒三角形靠背，头戴化佛冠，交脚坐于双狮宝座上，双手已残损。菩萨体魄健壮，长发垂肩，胸饰璎珞，腰束羊肠大裙，面形丰圆略长，直鼻大眼，神情庄重宁静。其造型风格、坐具、服饰等都显出西域佛教的风格，体现了莫高窟早期彩塑的特点。主尊两侧有胁侍菩萨和供养菩萨，供养菩萨作听法状或礼拜状。

洞窟北壁上部开龛，下部绘制多种佛本生故事，如毗楞竭梨王身钉千钉、快目王施眼、尸毗王割肉贸鸽、月光王施头等，宣扬佛教忍辱牺牲的精神。再下则有供养菩萨以及供养人像和三角

莫高窟第 275 窟主尊交脚弥勒菩萨

形垂帐纹等。南壁与北壁相应，上部开龛，下部画佛传故事中悉达太子出游四门的情景。其下为供养菩萨。构图简练，用色单纯、淳厚。

　　"北凉三窟"的开凿及特点　十六国时期，河西走廊及敦煌先后处于不同民族所建政权的统治之下，各个政权之间虽然攻伐不已，但对佛教基本都采取扶持的态度，尤以卢水胡人沮渠蒙逊为代表的北凉为甚。沮渠蒙逊本身笃信佛教，在他的主持下，开凿兴建了大量的石窟寺，如敦煌莫高窟、武威天梯山石窟、肃南裕固族文殊山石窟、炳灵寺石窟等。莫高窟属于此期的洞窟主要有第268号、272号、275号三个窟，三者相连，组成一个窟群，人们习惯称为"北凉三窟"。其中第268窟是个多室禅窟，在主室两侧开有4个小禅室，分别编号为267、269、270、271，通常以268为代表编号。因此，从数目看北凉石窟有7个，但就主室而言，合并起来实为3个。其形制，有多室禅窟、方形佛殿窟、纵长方形佛殿窟三种类型，为印度佛教建筑与中国古代传统建筑融合的产物。窟内彩塑多为单体塑像，壁画内容有说法图、本生故事画、佛传故事画、千佛图像及供养人等。艺术风格上，显示出明显的受印度、西域影响而兼采汉地风格的特点。故学者将其概括为北凉时期一次性营建

的禅室、佛殿、佛堂三堂组合，集禅修、礼拜、讲经说
法诸功能为一体的完整的石窟群。

| 第249窟——神佛交汇的世界 |

第249窟位于莫高窟南区的中段，开凿于北魏末、西魏初，
为单室的覆斗顶式殿堂窟。正壁龛内存善跏坐佛像一尊，龛外侧
面有二菩萨立像。窟内四壁壁画按上中下位置分段布局，上段绘

莫高窟第249窟南坡　西王母

天宫伎乐，下段绘金刚力士，中段的内容各有侧重，正壁有飞天、供养菩萨、婆薮仙等，两侧壁为说法图、供养人与千佛。

此窟引人注目的是窟顶四坡的壁画。窟顶正中为垂莲、火焰、忍冬和莲花纹组成的藻井。四坡则表现出一个佛教与中国传统信仰融汇共处的神佛世界。西坡中间为四目四臂的阿修罗王，顶天而立，身形高大，立于海中而水不过膝，两手高举日月，两手在胸前，身后为须弥山和忉利天宫。其两侧有雷公、礔电、风神、雨师、朱雀、羽人、乌获及迦楼罗、飞天等，充满风雨雷电并作的气势。下部绘山林野兽、狩猎者以及修行僧人。南北两坡绘西王母、东王公驾乘龙车凤辇，前后有乘鸾持节的方士、大鲵、乌获、飞廉等神灵护卫，构成一幅风驰电掣、飘举飞升的神仙图景。东坡下部残损，中央为二力士托举的莲花摩尼宝珠，两侧有飞天，下有乌获、玄武、力士、开明、神兽等。可以看出，这些壁画的题材、布局明显受到了中国本土神仙信仰的影响。可以说，四坡壁画是以佛教信仰为主，融汇中国本土文化与神仙追求，创造描绘出的一个神佛融合的理想境界。

第 420 窟——隋代洞窟的代表

隋朝虽然短命，但在莫高窟所开洞窟的数量却有百座之多。其中的第 420 窟完成于隋窟造像最盛之时，是隋代最有代表性的洞窟，塑像、壁画皆有可观之处。主室为方形覆斗顶窟，窟内正壁与南北两壁皆开有龛，故有"三龛窟"之称。正壁之龛为敞口双层龛，内塑一佛二弟子四菩萨，与南北壁两龛内的一佛二菩萨两组像共同组成了三佛的形式。塑像体形结实、形象端严，菩萨像体态苗条，眉清目秀，表情慈祥温婉，肌肤细腻，有永葆青春之美。窟顶四坡画法华经变，其中观音普门品之"商人遇盗"部分，为敦煌壁画中的代表作品。正壁龛外上部绘维摩诘经变，下部绘十大弟子和八大菩萨，菩萨形象虽已变成灰黑色，但手托供品的形态非常生动，脸部、胸前、手臂等因晕染手法而变色，更加显现出质感，金色头冠和璎珞也格外华丽。此窟的飞天、藻井也非常美丽。

| 第 220 窟——重现光辉的唐代杰作 |

第 220 窟又称"翟家窟"，位于莫高窟南区中部，是敦煌大族翟氏世代经营的一个家庙性质的殿堂式洞窟。始建于初唐贞观

莫高窟第 220 窟胡旋舞

年间，中晚唐及五代、宋、清均有过重修。洞窟主室为覆斗形顶，正壁开龛，塑一佛二弟子二菩萨。

　　四壁所绘，原为宋或西夏时期的满壁千佛。1944年，敦煌艺术所研究人员在维护修整时揭下表层的千佛壁画，露出下层的初唐壁画。这些近千年后重见天日的唐代壁画，色彩鲜艳，保存完好，充分展现了唐代洞窟绘画的原貌。

　　正壁龛外两侧绘文殊、普贤变各一铺。南北两壁均为场面宏大的经变画，南壁为无量寿经变，阿弥陀佛坐于莲花宝座上，周围菩萨、化生童子戏于莲花上，下部是歌舞伎乐；北壁为药师经变，绘七身立于莲台上的药师佛像，两侧诸天神将护持，下方有两组对舞的胡旋女及乐队。东壁门上绘说法图及男女供养人；门

两侧绘维摩诘经变，南侧的维摩诘像是该类画像中的精品，维摩诘身披鹤氅裘，手挥尘尾，身体微倾，正慷慨激昂地辩论；与之相对的文殊菩萨，披天衣璎珞，神态从容自若，其下簇拥跟随着听法众人，其中听法的人间帝王昂首阔步的形象很是突出，类似于唐代大画家阎立本所绘帝王图。

南北壁经变画下部的胡旋舞图，生动再现了唐代最为流行的舞姿，很有特点。唐人白居易、元稹都写过以《胡旋女》为题的诗，白诗其中写道："胡旋女，胡旋女，心应弦，手应鼓。弦鼓一声双袖举，回雪飘飖转蓬舞。左旋右转不知疲，千匝万周无已时。人间物类无可比，奔车轮缓旋风迟。"描写出胡旋舞旋转如风、欢快奔腾的场面，读此诗，观此图，人们可对唐代胡旋舞的情况有更加充分立体的认识。

| 第 323 窟——佛教史迹的集中展现 |

第 323 窟是盛唐时期所营建的一个覆斗形窟，分前后两室，塑像为五代、宋及清代所重修。该窟以佛教史迹画为主要题材，内容多出自佛典、史书的记载以及民间传说，大致可分为佛教史迹画、佛教感应故事画和佛教戒律画，主要分布于主室的南北两壁和东壁上。其中，从西壁延伸到北壁再到东壁的横长画面上，以大型的山水建筑作为背景，绘制出汉武帝获匈奴祭天金人、张骞出使西域、释迦浣衣池与晒衣石、佛图澄神异事迹、阿育王拜外道尼乾子塔、康僧会感应故事的画面。南壁绘制了石佛浮江感应故事、杨都金像感应故事、隋文帝迎昙延法师入朝等画面。在

莫高窟第 323 窟佛图澄故事画

主室东壁门的南北两侧，以组画的形式表现僧人守持戒律及发誓
画面。该窟的佛教史迹及感应故事画等，内容丰富，保存完好，
时间也最早，反映了隋唐以来汉传佛教重视有关佛陀圣迹、灵验
及感应故事的搜集、编纂与宣扬，使此类传说与故事在民间广泛
传播。

第 45 窟——人间佛教，盛唐风采

莫高窟第 45 窟建于唐代开元年间，以精美的彩塑和壁画著
称，是中国佛教人间化的集中代表，有"国宝窟"之美誉。这是
一个中型的方形覆斗顶窟，正面开龛，龛内塑绘结合，其余三壁
及窟顶皆绘经变画和千佛图像。最引人注目的是正壁龛内的一组
七身彩塑，释迦牟尼佛身着红色袈裟坐于正中，意态庄重沉稳。

莫高窟第 45 窟塑像

佛两侧分别侍立弟子、菩萨、天王。最年轻的弟子阿难立于佛的
右手边，体态修长，面庞圆润，双手抱于胸前，英俊潇洒中透出
平和、虔诚；最年长的弟子迦叶立于佛的左手边，身形瘦削，高
额方颐，眉目紧锁，俯首凝思，脸上的皱纹和青色胡茬，显出饱
经沧桑与老成持重之感。弟子外侧的两身菩萨，身材丰腴，体态
微斜，发髻高束，身上佩戴璎珞，斜披天衣，彩裙华美，双目微
睁，低眉俯视之际，神态自若，充满仁慈与圣洁的光辉。最外侧
的天王身披盔甲，威武高大，刚劲有力。整个组像色彩艳丽，形
象各有特点，既营造出宗教的庄严神圣氛围，又在谨严中显现活

力与变化，体现出盛唐彩塑艺术的极高水平。

此窟的壁画也非常精彩。与彩塑相配合，正壁龛顶绘制了《法华经·见宝塔品》。南壁为观音经变，是最早的独立成画的观音经变图，中央绘头戴化佛冠的观音菩萨立像，两侧为观音现身说法及救苦救难的各种情节画面。著名的"胡商遇盗图"即在其中。北壁绘观无量寿经变，中央是佛说法图，绘西方净土世界的美好，两侧以条幅形式画出未生怨故事与十六观内容。另外，还有中唐时期补绘的观音、地藏图像，以及前室、甬道的五代壁画。

这些保存基本完好的唐代塑绘，使今人于千年后，仍可感受盛唐的艺术风采与万千气象。

｜第 217 窟——青绿山水存佳作｜

第 217 窟开凿于盛唐时期，是一座覆斗顶的方形殿堂窟，以壁画精美而著称。其正壁开龛，存佛像一身，龛及周围绘佛弟子、菩萨及佛本生故事。南北壁分别为通壁的经变画。南壁绘制法华经变。中央为序品，描绘佛在灵鹫山说法的盛大场面。围绕着法会场面，以凹形的分布，分别绘制《法华经》的各品，包括化城喻品、信解品、方便品、随喜功德品、药王菩萨本事品等。而其中的观音普门品的内容，被单独绘在了东壁，显示出观音及其信仰在法华经变中的独特重要地位。北壁整壁绘观无量寿经变，中央为西方净土世界，佛在说法，菩萨、天人虔诚同听，乐队演奏，舞伎翩翩，宫殿楼台华美富丽，一派极乐景象。其西侧与下部绘未生怨故事，东侧绘十六观内容。

莫高窟第 217 窟南壁的青绿山水

　　此窟中的山水画是敦煌壁画中青绿山水的代表，尤以南壁法华经变中的化城喻品为最佳。画面以青绿为主色调，绘出远山重峦叠嶂，近景树木葱绿，花开烂漫，春意无限；溪流绕山，由远及近，从蜿蜒曲折到汇为滔滔急流；山林溪谷间，疲惫的旅人在指引下走向一座大城。山水人物、线条色彩，搭配合理，自然和谐。这些青山绿水，使得化城喻品几乎可以被看作一幅杰出的青绿山水画。青绿山水是唐代前期曾经流行的一种青绿重彩的画法，以李思训为代表。宋代水墨山水画兴起后，青绿山水逐渐消失。此窟所存的壁画，保存了精美的唐代青绿山水画的原貌，堪称珍贵。

　　此窟壁画中的人物画亦具有典范性。菩萨、弟子神情各异，

莫高窟第 217 窟南壁山水

意态生动。如正壁龛内所绘的年长佛弟子，身体瘦削，大眼圆睁，目光清亮有神，鼻梁直挺，嘴唇微张，棱角分明，极富个性。外侧的菩萨面容丰圆，目光下视，表情虔诚，身披璎珞，雍容妩媚。

| 第 158 窟——涅槃的境界 |

涅槃窟，俗称卧佛窟、睡佛窟，是以涅槃像为主体，辅以壁

莫高窟第 158 窟涅槃像

画的洞窟。按佛教史载，释迦牟尼佛在拘尸那城跋提河边的娑罗树间为众弟子最后一次说法，然后于七宝床上右胁侧卧，入于涅槃。菩萨、弟子、天龙八部、世俗徒众皆来供养举哀。莫高窟有盛唐第148和中唐第158两座涅槃窟，都是表现这一主题的。

第158窟建于吐蕃统治时期，其甬道北壁有吐蕃供养人画像，有"大蕃管内三学法师持钵僧宜"字样题记。此窟是这一时期的代表窟。主室呈横长方形，正面西壁有横贯全窟的佛床，身长15.6米的石胎泥塑涅槃像，侧卧其上。佛像双目微闭，右手枕在颐下，左手平放身上，神态安详，恬然自在，仿佛入睡一般，非常生动地表现出释迦牟尼寂灭的情景。此外，在主尊的南北两侧，还分别塑有过去世迦叶佛的立像和未来世弥勒佛的倚坐像，这两身佛像，与释迦牟尼的涅槃像共同组成三世佛像，表现了佛教的"三世"思想。

涅槃像周围的壁画，描绘的均是菩萨、佛弟子、信徒及各类众生在佛入涅槃情景之下的各种表现。对涅槃理解深浅不同的众生，表现也各不相同。画在西壁上排的19身菩萨，神情端庄，肃穆沉静，以超然的态度对待释迦牟尼的涅槃，并隐然有所羡慕向往；画在下排的众罗汉则表现得十分哀痛，或号啕大哭，或捶胸顿足；最为生动的是画在佛像脚侧的各国王子，极度悲痛下，他们有人割耳，有人持剑剜心，有人以刀刺胸，将不同民族对悲痛的不同表达形式也一并表现出来。凡此种种，都与上排菩萨的表情形成了鲜明对比。还有表现释迦牟尼的大弟子迦叶奔丧和十大弟子举哀，以及天王力士、须跋陀罗先佛入灭以及外道等内容。窟内还绘有经变画等其他内容，如密严经变和金光明最胜王经变。

第158窟这座建于中唐的涅槃窟，正是通过大型彩塑佛像与生动鲜明、表现丰富的壁画内容相结合的形式，很好地阐释出佛教有关"寂灭为乐"的涅槃境界。

| 第156窟——敦煌张氏的历史荣光 |

莫高窟第156窟，又称张议潮窟，是晚唐敦煌归义军首任节度使张议潮的功德窟，开凿于唐咸通五年（864年）左右，由张议潮的侄子、时任沙州刺史的张淮深建造。此窟以主室壁画《张议潮出行图》（图见前文54页）和《宋国夫人出行图》而闻名于世。

此窟为方形覆斗顶窟，由前室、甬道和主室组成。前室为横长方形，前部已塌毁，北壁上方保留有墨书题记，即著名的《莫高窟记》，是有关莫高窟历史的重要资料，题记时间为"咸通六年正月十五日"。前室绘七佛、四大天王，顶部绘父母恩重、降魔及尊胜经变。主室正壁开龛，残存佛像一身。龛内绘观音像及屏风画，四坡、四壁上部皆绘经变，有14种之多，如楞伽、法华、弥勒、华严、文殊、普贤、药师、金光明、维摩诘等经变。布局严谨，意蕴深厚。

《张议潮出行图》与《宋国夫人出行图》绘制在主室经变画的下部，即南、北、东三壁下部。两图均为横卷式，各长8.2米，宽1.05米，左右相对。

《张议潮出行图》绘在南壁及东壁南端的下部，题称"河西节度使检校司空兼御史大夫张议潮统军□除吐蕃收复河西一道行图"，描绘了张议潮统军征战、凯旋的宏大场面：人马众多，行列整齐，仪仗森严，鼓乐喧腾，旌旗招展，张议潮骑白马着红袍执短鞭，在侍从的护卫下，走在队列中间，形象高大，十分突出，气度威严而又自信从容。画面充分彰显了张议潮统军出行，抗击吐蕃，收复河西的雄伟气势。从行列中也可看出当时敦煌多民族共处和军队成员多民族构成的特点。

《宋国夫人出行图》绘在北壁、东壁北端下部，题称"宋国河内郡夫人宋氏出行图"，队伍同样长，人数更多，以杂耍百戏与舞乐队打头，在众多警卫、侍女与女官的夹护下，在命妇、女眷的马车、轿舆之后，是张议潮夫人宋氏的画面，她也骑白马，头饰花冠钗环，身穿长裙，形象醒目。图中人物所持的更多是乐器杂具及妇女日常用物，如包袱、团扇、奁盒、铜镜、壶、炉等，富有生活情趣。

这两幅出行图场面宏大，内容丰富，绘出人物近240个，马110余匹，以近20米的长卷，展现了晚唐敦煌乃至西北具有历史意义的场景，并开创了敦煌壁画中长卷历史人物画之先河。

第61窟——敦煌文殊信仰的表现

第61窟位于南区中部，是莫高窟最大洞窟之一，也是五代瓜沙曹氏画院时期的最重要代表窟之一。因窟中主要体现了文殊菩萨信仰，又称文殊堂。该窟由曹氏归义军节度使曹元忠夫妇于947—951年间出资建成，宋元时代重绘部分壁画。主室为覆斗

莫高窟第 61 窟西壁五台山图（局部）

形殿堂窟，中央有二层台式中心佛坛，坛有背屏连接窟顶，坛上塑像今已不存。窟顶绘团龙莲花藻井，四坡绘千佛，窟顶四角绘四天王。窟内四壁所绘壁画，多与文殊菩萨相关。西壁为大型的五台山图，南北两壁和东壁的上部总共绘有 11 铺经变，有楞伽、弥勒、阿弥陀、法华、维摩诘、天请问、药师经变等，四壁的下部，绘佛传故事画和供养人形象。

此窟中最富特色的是西壁中上部通壁所绘的巨幅五台山图。五台山自北朝以来成为佛教圣地，被认为是文殊师利菩萨的道场，唐代五台山图开始流行。此窟的五台山图高 3.6 米，长 13 米，画幅达到空前的 45 平方米，是莫高窟最大的佛教史迹画。学者考察认为，此图是根据唐代五台山的真实地理形势与实际生活场景所绘制，规模巨大，气势恢宏。画面描绘了从河东道太原途经五台山到河北镇州（今河北正定）之间方圆五百里的地理形势、山川景物及风土人情。画出州县城池、寺庙佛塔、驿站店铺、楼台屋舍等大小建筑一百余所，榜题近两百条，其间人物众多，高僧说法，信徒巡礼，上部还有神变灵异等图象。画面中峰峦起伏，五台并峙，山峦之间遍布大小寺院及佛塔，许多佛寺之名在史书中有记载。曲折蜿蜒的道路上，朝圣礼拜、送贡使者及商旅不绝于途，或骑马或牵骆驼或步行。田间野外，百姓生活劳作，有耕作、割草、饮畜者，有推磨、舂米者，亦有立于店旁迎来送往者，充满生活气息。

除经变画与五台山图外，四壁的下方，分别绘制有佛传故事画，以及数十个曹氏家族女供养人图像和题记。女性供养人排在前面的，分别是曹议金的"回鹘天公主李氏"夫人、曹元忠的两位姐姐（一位嫁给甘州回鹘可汗，一位嫁于阗国王），第四位是曹元忠的生母广平宋氏，这种排列顺序，是曹氏归义军东结回鹘、西联于阗外交政策的直观反映。曹氏男性供养人的画像原绘在甬道南北壁，经元代的重修，现已不存。今甬道两壁，为元代所绘炽盛光佛及黄道十二宫、九曜、二十八宿，亦与文殊信仰相关，寄托了消灾弭祸的愿望。

五台山佛光寺的发现与莫高窟第 61 窟　莫高窟第 61 窟西壁的五台山图，绘出佛寺、塔庙等数量众多，许多是对当时实景的描绘。所绘的 16 座大寺，如大法华寺、大佛光寺、大福圣寺、大建安寺、大清凉寺等，均是当时名刹。其中的大佛光寺至今仍存。佛光寺东大殿，建于唐宣宗大中十一年（857 年），修建时间上仅晚于五台县的南禅寺大殿（782 年）和芮城县广仁王庙（831 年），是我国现存的木结构建筑中排名第三早的珍贵建筑遗迹。

而佛光寺的发现，又与莫高窟第 61 窟五台山图有密不可分的关系。1937 年 6 月，正值抗日战争全面爆发之前，著名建筑学家梁思成和夫人林徽因带领营造学社的同仁，根据伯希和《敦煌石窟图录》中莫高窟第 61 窟五台山图的照片，按图索骥，在山西省五台县南台外的豆村镇附近，找到了图中所标称的"大佛光之寺"。这座佛寺的东大殿，也就是正殿，其大梁下的唐人题记，明确记载了该殿的出资者、主持修建者及修建时间等信息，殿中同时还保留有唐代的彩塑、壁画及其他题字等。佛光寺是当时国内唯一发现的唐代建筑，它的发现，打破了此前日本人"中国已无唐代木构建筑"的断言，故被梁思成称为"中国第一国宝"。

（四）莫高窟景区其他景点

莫高窟景区游览，虽然以参观实体洞窟为最核心内容，但对于全面了解莫高窟、加深对实体洞窟的认识而言，其他相关景点，如敦煌石窟文物保护研究陈列中心、藏经洞陈列馆、敦煌研究院院史陈列馆、敦煌研究院美术馆和游客中心等也是非常重要的，是莫高窟景区的有机组成部分，都不可错过。

| 敦煌藏经洞陈列馆 |

敦煌藏经洞陈列馆位于莫高窟南区北端，与三层楼（第16窟）毗邻。参观完藏经洞，出来之后所面对的正是这个陈列馆的院门。馆址原是王圆箓道士于清末所建的一座道观，称太清宫，俗称下

藏经洞陈列馆

寺。这座建筑是藏经洞发现和文献文物被盗的重要历史见证，敦煌研究院于藏经洞发现百年之际，修复此寺，改建为现在的藏经洞陈列馆。这是一个以藏经洞及其文献为主题的专题性陈列馆。主要以图片与实物展示的形式，围绕藏经洞的创建开凿、封闭、发现，以及藏经洞文物的流散等专题，加以分别介绍，陈列展出有藏经洞出土的精美写本以及绢画、刺绣和雕刻等图片。陈列馆以丰富的文献与图片，展示了藏经洞所发现的各类文书文物及相关史实，有助于人们更加直观地认识了解藏经洞及其文献文物，以及敦煌学产生和发展的历史。

院子正中，横放一块青色长石，上面镌刻着陈寅恪先生的名言：“敦煌者，吾国学术之伤心史也。”提醒世人不可忘记百年前那段惨痛的历史。

|敦煌研究院院史陈列馆|

位于莫高窟景区内中部靠南的上寺、中寺。原为建于清代中期（乾隆三十七年）的莫高窟雷音寺、皇庆寺，也就是俗称的上寺和中寺。1944 年，国立敦煌艺术研究所成立后，就将这两座寺院作为办公和生活场所。从国立敦煌艺术研究所到之后的敦煌文物研究所、敦煌研究院，虽因工作和生活的需要对这些建筑做过局部修缮，但基本保持了原貌。2004 年，为纪念敦煌研究院成立六十周年暨常书鸿先生诞辰一百周年，敦煌研究院对莫高窟原上寺与中寺进行了大规模的原状维修，恢复了 20 世纪 40 年代创业时的场景，作为敦煌研究院院史陈列馆正式开放，常年公开

院史陈列馆门口

展出。院史馆以详尽的实物与图片材料，向世人展示了敦煌研究院成立近 80 年来几代人无私奉献、艰辛创业的历史过程，以及在莫高窟保护、研究、弘扬方面所取得的丰硕成果，成为弘扬敦煌文化的重要组成部分和莫高窟精神的教育基地。常书鸿故居是其中的一部分，有他个人画作及为敦煌艺术保护研究所作贡献的展览。张大千故居也位于其中。院内古树挺立，室宇明亮，这里是敦煌艺术、保护及研究的早期摇篮，数代敦煌研究者曾在此工作生活。前院中间有两棵高约 15 米的老榆树，树冠直径 10 余米，为建寺初期所栽种，迄今已有两百多年历史。这都是敦煌历史与敦煌研究发展的重要见证。

院史陈列馆中的照片

院史陈列馆中的老梨树

| 敦煌石窟文物保护研究陈列中心 |

敦煌石窟文物保护研究陈列中心位于莫高窟对面、大泉河东岸的小丘陵中，与莫高窟隔河相望。这是国内仅有的一家集研究、陈列于一体的石窟保护机构，1994年由日本政府无偿援建而成。建筑面积五千多平方米，占地两万多平方米，主体是一座两层平顶楼房，半隐于丘陵之中，只露出上层窗户及宽阔的屋檐，内部开阔实用，不加粉饰，整个建筑风格质朴浑厚，与周围环境协调一致，充分显示出历史的厚重感与沧桑感。

陈列中心设有三个展区和一个循环录像演播厅。

其核心展区为"沙漠瑰宝——敦煌石窟经典洞窟复制展"。这里展出了八个最有代表性的敦煌石窟的复制窟，分别为：莫高窟第275窟（北凉）、249窟（西魏）、285窟（西魏）、419窟（隋）、220窟（初唐）、217窟（盛唐）、第3窟（元）以及榆林窟第25窟（中唐）。这些洞窟都是按照原洞窟大小比例忠实复制而成，真实反映了窟内原貌，可使观者身处其境，不仅能够看清

敦煌石窟文物保护研究陈列中心外墙

洞窟全貌，感受洞窟之内的情景氛围，还可有充裕时间从容观赏、细细品味，弥补了参观实体洞窟时无法看清全貌且时间仓促的遗憾。这些复制窟集中展示了敦煌石窟自十六国时期至元代一千多年间的发展历程与代表风格，极富代表意义，不可不看。

第二展厅是敦煌石窟文物陈列展区，将敦煌石窟出土的精品文物按照主题类别加以分别展示，如敦煌石窟开凿创建以及塑像制作的过程、壁画的摹本、彩绘颜料、藏经洞出土的写本文献、古建筑中的花砖艺术等，从不同角度呈现了敦煌石窟及其艺术发展的内容与特点。其中的"敦煌丝绸"展，精选敦煌发现的14件纺织品文物，并介绍了敦煌丝绸的发现、收藏、种类、用途、研究和修复，以及对敦煌丝绸文物的传统制作工艺的复原性研究。

第三展区位于陈列中心二楼，为机动展区，以举办各种展览和专题文物陈列为主。

陈列中心与世界各地的艺术、陈列及考古部门有广泛密切的合作，经常举办各种国际性展览，近年曾先后有"丝路秘宝——阿富汗国家博物馆珍品展""丝绸之路上的文化交流——吐蕃时期艺术展""博纳四方：敦煌文物馆藏文物撷英展""流光溢彩——平山郁夫丝绸之路美术馆藏古玻璃珍品展"等多种富有特色的展览。对此类展览有兴趣者可关注相关网站，及早获知信息。

莫高窟美术馆：1650——文明的回响

莫高窟美术馆位于九层楼广场之北，西面正对慈氏塔。门前立有一块石碑，上面大书"1650"四个数字。这个数字，代表着莫高窟从开始营建到该馆展览设立的 2016 年之时所走过的 1650 年时光。该展以"1650——文明的回响"为题，以常年展出的形式，将敦煌莫高窟 1650 年来的发展历史加以浓缩与回顾。展览分为"众生营造""庄严净土""东西融贯""万象人间"和"砥砺新生"五个主题，将敦煌艺术精华中的壁画、彩塑、文献、建筑等集中进行展示。壁画中西方净土变的宏大华丽场面，听法的人间帝王的轩昂形象，美丽可亲的菩萨与轻盈飘飞的乐伎，都在此中一一重现，可以近前欣赏，细细观察，并听取详尽解说。对人们无法看清全貌的石窟建筑，则以 3D 打印的洞窟建筑模型加以呈现；壁画中的众多乐器，也用复原的制品立体呈现，再配以相应的影音效果，对全面了解莫高窟艺术，大有裨益。

| 大小牌坊 |

莫高窟前大泉河西岸，正对桥头，有一座大型的木质牌坊，俗称"大牌坊"，原为清代敦煌大户汪氏家族的节孝牌坊，位于敦煌县城东街。20世纪50年代末，城内街道扩建时因其碍路，原拟拆除，在常书鸿先生的建议下，这座大牌坊被整体迁至莫高窟，1959年完成修复，常书鸿邀请郭沫若先生题写了其上的匾额：东向面迎着前来莫高窟参观的人们，书"石室宝藏"四字；西向面，以三危山为背景，题"三危揽胜"四字。此后，这座庄重高大的牌坊就屹立于大泉河西岸，迎接着世界各地的游客。

既有大牌坊，当然就会有小牌坊了。这个小牌坊，便是坐落

莫高窟大牌坊东向面

莫高窟小牌坊

于莫高窟中心区参观入口处的牌坊。牌坊为清代所立，匾额正面题写"莫高窟"三字，另一面写"古汉桥"。由东向西望去，牌坊正对着莫高窟第 428 窟。过去在第 33 窟窟前地面至第二层的 428 窟之间，曾有长台阶相通，台阶上有木栏，下有涵洞，可南北穿行，故称为"桥"。1963 年加固维修时拆除此桥。而牌坊上与"古汉桥"相对的一面原来题写的是"万仙洞"，后用郭沫若题写的"莫高窟"三字替换，便成了如今的样子。小牌坊与东边的大牌坊遥相对应，成为莫高窟的景观之一。

| 慈氏塔 |

慈氏塔位于莫高窟南区园林之内西邻美术馆的位置，是一座规模不大的单层土木结构的小塔。此塔原来并不在莫高窟，而在莫高窟以东 15 公里左右的三危山上的一座废弃寺院"老君堂"里，所以也称为"老君堂慈氏塔"。出于保护目的，1981 年，敦煌研究院将此塔及其中壁画、塑像整体搬迁至此。

慈氏塔为木构八角单檐，精巧玲珑，外形如亭。专家考证，此塔大约建造于 10 世纪末到 11 世纪初之间，可能比一般认为国内最早的应县木塔的时间还要早，是我国现存最早的单层亭阁式木塔。塔身有八面，各面均砌有佛台，佛台上有七身天王像，西面开一方门，门两侧浮塑双龙，门上匾额书"慈氏之塔"，慈为弥勒菩萨的姓氏，可见此塔专为供奉弥勒菩萨所建。慈氏塔的秀丽丰姿与

慈氏塔　马兆民摄

慈氏塔之力士　马兆民摄

千年莫高窟相映成景，颇具观赏和研究价值。

| 游客中心 |

游客中心包括工艺美术商店、食品和特产区、地质陈列厅等不同部分。工艺美术品商店出售有关敦煌的各种图书、佛画仿制品及富有莫高窟艺术元素的各类文创产品，内容丰富，品类繁多，设计独特，制作精美，富有艺术价值。

地质陈列厅集中展示了莫高窟的历史、现状，着重介绍莫高窟的地质环境特征、地质灾害及预防等知识，解析莫高窟能够保存至今的种种自然条件与因素等。

食品和特产区还设有休息处，可供游人短暂休息。

游客中心艺术纪念品

游客中心书店

| 塔林 |

在莫高窟南区窟前大泉河东西两侧的河岸上，散布着二十余座造型各异的土塔，形成了塔群。河东岸有十六座，约建于五代、宋、元时期，其中数量多的是覆钵式塔，塔基或塔铭处以青砖垒成，塔身由土坯砌垒，再用黄泥塑造外形。河西岸包括王道士塔（民国时）在内有塔十座。

塔林中多为瘗埋历代高僧的墓塔，其形式以覆钵式为主，宝瓶式次之。覆钵式塔也称喇嘛塔，源自中亚的古犍陀罗地区，宋元时期传入我国，元代尤为流行，其时盛行喇嘛教，所以这种塔又称喇嘛塔。宝瓶式塔时代最晚，均为清代所建造，形式、造型比较简单，其中有代表性的是王圆箓的墓塔，俗称王道士塔。

道士塔——伤痛的历史记忆　说到敦煌莫高窟，王道士是一个不得不提的名字。王道士本名王圆箓，湖北麻城人，约出生于1850年左右，卒于民国二十年（1931年）。他早年因干旱饥荒而离乡，流落西北，曾在肃州巡防营当过兵，后来信奉道教，号法真。再后来，他便到了敦煌，在莫高窟安下身，并积极参与到当地民众修复残破洞窟的活动中。王道士没有多少文化，也不太在意道教与佛教的差别。他四处奔走，募捐化缘，将所得钱财用于清理积沙、修复洞窟，并在今第16窟的前面，修建了一座道教的"三清宫"，俗称"下寺"。这座建筑，正是现今的"藏经洞陈列馆"之所在。

　　1900年，在清理16窟积沙的过程中，王道士意外发现了甬道北壁的壁画后面竟然暗藏了另一个洞窟的入口，藏经洞就这样被打开，王道士本人的命运也从此改变。之后的历史是大家所熟悉的：王道士将此发现报告官府，呈上部分写卷、幡画，还将之送给往来路过的官员墨客。数年时间过去，无有官员切实担起保护之责，仍旧让这些稀世珍宝局藏于斗窟之中，任由王道士封存看管。后来，英国、法国的探险家闻风而至，经王道士之手，将大批精华骗购盗劫而去。消息传到京师，才有

道士塔

清廷的调拨收购。对莫高窟的劫掠、破坏后来又数次发生，仍与王道士不无关系。了解真相的敦煌民众对此十分愤怒，可想王道士晚年的日子应该不会好过。提起这段历史，人们首先将罪责归咎于王道士身上。确实，王道士罪责难逃，但仅凭他一人，

恐怕是承担不起这个历史罪责的，那个没落的时代、腐败的官府、僵化的知识界乃至全社会，都有不可推卸的责任。王圆箓只不过碰巧成为具体经手的那个人而已，历史选中他作为国之宝藏的发现者与守护者，是国之不幸，也是他个人的不幸。

1931年夏，王道士去世百日之后，他的徒子徒孙为他修起这座道士塔，并刻写了碑文。该塔塔基为方形，上为八边形十一重塔座，塔身形似宝瓶，最上是三个宝瓶组成的宝顶式塔刹。近百年过去，这座道士塔静静矗立在大泉河东岸，与莫高窟隔河相望，成为百年前那段伤痛历史的见证，一任后人评说。

二、敦煌周边其他石窟

1. 榆林窟

🅚 开放洞窟：

普通窟：第 5、11、12、13、17、19 窟

调节开放窟：第 14、16、21、26 窟

特窟：第 2、3、4、25 窟

🕐 开放时间：

旺季（5 月 1 日—10 月 31 日）9：00—17：30

淡季（11 月 1 日—4 月 30 日）10：00—17：00

📞 联系电话：400-997-1608　0937-5680112

💲 门票价格：普通窟：40 元

特窟（自选）:第 2、4 窟 100 元 / 人 / 次、第 3 窟 150 元 / 人 / 次、第 25 窟 200 元 / 人 / 次

榆林窟参观采用在线订票方式，可关注官方购票公众号，在

榆林窟参观预约平台上购票

取票地点：瓜州榆林窟售票中心

⊙ 到达：

敦煌→瓜州，火车/大巴车/自驾/租车

瓜州→榆林窟，自驾/租车

榆林窟俗称万佛峡，又称榆林寺、上洞子，位于瓜州县城南70余公里的南山峡谷之中，榆林河从峡谷中川流而过，两岸榆树成林，石窟因此得名。榆林窟自20世纪50年代以来由敦煌文物研究所代管，1961年被国务院列为第一批全国重点文物保护单位，1986年设立文物保管所，2016年升格为文物保护研究所，归敦煌研究院统一管理。

石窟始建时代已不可考。现存最早洞窟为唐代所建，有唐、五代、宋、西夏及元代的洞窟43个，分布在榆林河东、西两岸的崖壁上，其中东崖32个，西崖11个。存彩塑270余身，壁画5000余平方米。榆林窟的洞窟形制、彩塑、壁画以及题材、风格的许多方面，都与莫高窟大体相同，故被称为莫高窟的姊妹窟，是敦煌石窟艺术的重要组成部分。

| 榆林窟的窟形与建筑 |

今存洞窟主要有三种形制：（1）中心塔柱窟，主室中央有方形塔柱，塔柱四面开单层龛，有造像。（2）中心佛坛窟，主室呈方形或长方形，中央建有佛坛，窟顶覆斗形。这类窟的数量最多，有29个。（3）大像窟，顶部呈穹窿形，主室正壁雕塑规模宏伟

的大像，前壁开有明窗。此类型洞窟仅存一个。

| 榆林窟的彩塑艺术 |

榆林窟今存彩塑 270 余身，均经过后代重修。彩塑以第 6 窟的大佛像和第 3 窟的十八罗汉富有特色。大型塑像有两身，一是高达 24.7 米的倚座弥勒佛像，另一为长约 11 米的佛涅槃像。

| 榆林窟的壁画艺术 |

今存壁画 5000 余平方米，整体保存较好，壁画内容丰富，有经变画、佛像画、佛传故事画、佛教史迹画和供养人画等，艺术风格与唐、五代、宋初莫高窟壁画大体相同，尤以中唐风格的第 25 窟、西夏时期的第 3 窟为代表。这些精美绝伦的壁画风格独特、技艺精湛，保存亦十分完好，堪称榆林窟石窟艺术的代表。

壁画中供养人像数量多，有曹氏归义军统治者曹议金、曹元德、曹元忠、曹延禄、曹延瑞等及其眷属、官吏的画像，也有与其联姻的少数民族政权人物如于阗王、王后和吐谷浑慕容归盈等的画像，同

榆林窟外景

榆林窟外景

时也有少见的曹氏画院官员、画手的供养像，如"都勾当画院使""知画手""都画匠作""画匠"等，是珍稀的地方历史与文化艺术材料。

榆林窟在佛教艺术发展中融入了多元文化因素，如第2窟的水月观音图、第4窟的释迦多宝曼荼罗、不空羂索观音等壁画，融汇了西夏、中原和藏传密宗的多种风格。所绘人物线描精致流畅、富于变化，如西夏人物皆髡发垂耳、身材魁梧；中原人物衣袂飘飘、道骨仙风；受密宗影响的人物画有明显的尼泊尔、印度风格，线条圆润遒劲，设色浓厚，具有神秘气息。榆林窟西夏时期的精美壁画，丰富了敦煌石窟艺术的内容，在我国的佛教石窟艺术中占有重要的地位。

　　水月观音　水月观音是观音菩萨的三十三个化身之一，以描绘观音静观水月之情景而得名。据唐代张彦远《历代名画记》记载，水月观音画为中唐周昉所创，中晚唐以后十分流行。唐代的水月观音画均已不存，敦煌壁画保留的多幅五代、宋、西夏的水月观音像，使我们得以一睹早期水月观音的真容。其中以榆林窟和东千佛洞的水月观音最具代表性。榆林窟第2窟中的两幅水月观音像，一在西壁北侧，一在门南侧，观音悠闲倚坐于岩上，一微仰一微俯，皆凝神遐思，神态悠然，身周彩云环绕，翠竹点缀山石，流水潺潺，弯月高挂。画面宁静素雅，意境清旷，颇具禅意。

榆林窟第2窟　水月观音

榆林窟第 3 窟

榆林窟代表窟之一。西夏中晚期开凿，长方形，窟中央靠后部有八角形三级曼荼罗（也称坛城、佛坛），上有彩塑数身，南北两壁的下端塑有十八罗汉像，塑像均为清代所塑。窟顶中央绘五方佛坛城。最有特色的是四壁绘画。

此窟东壁为正壁，中央绘佛传内容，两侧绘观音两铺，南侧为五十一面千手千眼观音，北侧为十一面千手千眼观音。其中南侧的千手千眼观音，其头像多达五十一个，层累于正中的头像之上，上下十层，呈宝塔状；千手呈放射状伸向四周，手中持有各种器物或景象，数量多达 166 种，除人物、动物、植物、法器、乐器、兵器、宝物、用具以及建筑等外，还有许多生产工具及生产场景，如舂米、打铁、牛耕、酿酒、挑担等，这些手托器物以及生产场景的展现，不仅象征着观音保护及拯救的对象，涉及人类物质生活与精神信仰的方方面面，同时也生动形象地反映了西夏时期民众生产生活的场景，具有重要社会历史价值。

南壁中间绘观无量寿经变，两侧绘曼荼罗。相对的北壁，也是两侧为曼荼罗，中间为西方净土变。两铺经变画均以建筑为中心，突出建筑的宏大，表现细致而清晰，佛像则相对较少。

西壁门上方为维摩诘经变，门南北两侧分别为普贤变与文殊变。南侧的普贤菩萨赴会出行图，普贤居中坐于白象上，率领众多天人眷属行进在飘飘云气当中，云层翻卷，水波浩渺，山峦高耸，构成了一幅巨大的山水图画。在画面的左边、普贤菩萨右手下方，

榆林窟第 3 窟唐僧取经图

绘有玄奘和尚取经的图像，这是我国最早出现的唐僧取经图。图画表现玄奘师徒被波涛汹涌的大河挡住去路，师徒二人立于陡峭的岸边，双手合十、虔诚祈祷的情景，旁边一匹白马，身驮装满经卷的大包袱。此图中的孙悟空，猴面人身，布衣麻鞋，虽在双手合十祷告，但瞠目仰天、张口大呼的桀骜不驯的样子，与当下影视作品中的孙悟空形象颇为相似。取经图中仅有唐僧、孙悟空和驮经白马，没有沙僧和猪八戒形象，这和五代之后出现的《大唐三藏取经诗话》的内容也是符合的。西夏时期的唐僧取经图，除此而外，东千佛洞也有几幅，这都是我国历史上有关唐僧取经故事的最早图像。

｜榆林窟第 25 窟｜

榆林窟代表窟之一。位处东崖中部的唐窟群中。约开凿于吐蕃初占瓜州的中唐时期。这是一个从窟形到壁画都保存较好的洞窟。有前后室及前后甬道，前室为横长方形，壁上绘有天王像；主室为方形，中有方形佛坛，上有清代重塑坐佛一尊，四壁绘有经变、菩萨像、曼荼罗等。

该窟最有代表性的是主室南北两壁的弥勒经变和观无量寿经变。

弥勒经变绘于主室北壁，以《佛说弥勒下生成佛经》为依据，描绘了弥勒三会的主要情景。初会场面居中，右侧为第二会，左侧为第三会。弥勒于龙华树下说法，菩萨弟子环绕敬听，众人剃度落发，皈依佛门。画面中穿插绘制了想象中的未来弥勒世界的美好生活与美妙事物，比如一种七收、树上生衣、路不拾遗、夜不闭户、人寿长久、婚礼嫁娶，以及老人寿终诣墓等候升天等等情景，色彩绚丽，充分展现了未来极乐世界的美好瑰丽，具有浓郁的人间气息。

观无量寿经变绘于主室南壁，根据《观无量寿经》内容绘制，保存堪称完美。中间主体部分为净土说法图，所绘佛国建筑，模仿盛唐宫殿的结构布局，场面恢宏阔大，极力展现其华丽豪奢、歌舞升平的场面，描绘了西方极乐净土世界的美好繁华景象。与其他同题经变一样，说法图的两侧，也绘有因缘故事未生怨和十六观的内容。该窟的经变画，人物形象传神、衣饰华美，线描遒劲，色彩绚丽，展现出高超的艺术水准。因其独到的艺术成就，观无量寿经变的临摹品，作为敦煌壁画艺术的代表之一，被陈列于北京人民大会堂甘肃厅。

榆林窟所在河谷，经榆林河的长久冲刷，形成一道深深的巨大沟壑，从远处平地望去，很难发现这里竟然还藏有这样一处佛国洞天。从崖顶逐级而下，窟区内古树森森，古榆胡杨，虬曲苍劲，形状各异，河水不大但奔流甚急，哗哗的水声传出很远。两岸崖壁上的栈道将众多石窟串联起来，深幽的洞口，神秘肃穆。整个窟区古朴自然，远离俗世喧嚣，确实是涤净身心、清修礼佛的好地方。

榆林窟第 25 窟　观无量寿经变

2.西千佛洞

Ⓚ 开放洞窟：第 4、5、9、11、18 窟（共五个）。

备注：有关开放洞窟情况会依据洞窟维修保护工作有所调整，请关注相关公告。

🕐 开放时间：

旺季（4 月 1 日—11 月 30 日）9：00—17：30

淡季（12 月 1 日—3 月 31 日）10：00—17：00

门票：关注"莫高窟参观预约网"微信公众号预约购票

Ⓢ 门票价格：30 元

📞 联系电话：0937-8857158

📍 到达：自驾 / 租车。也可规划为西线旅游的一部分随团队同行。

西千佛洞位于敦煌市区西南 35 公里处 215 国道旁，靠近党河水库。因处在莫高窟及古敦煌城的西边，故称西千佛洞。1961 年因附属于莫高窟而被国务院列为首批全国重点文物保护单位，1997 年正式对外开放。由敦煌研究院所辖西千佛洞文物保护研究所管理。

洞窟开凿于党河北岸的崖壁上。窟区坐北朝南，东起南湖店，西至党河水库，东西绵延 2.5 公里。

洞窟始建时间较早，一般认为可能早于莫高窟，至少不晚于莫高窟。因党河水流冲刷，崖壁崩坏，存留迄今的洞窟与佛龛合计有 22 个（窟 16，龛 6），保存完好的石窟 9 个。现存洞窟中时

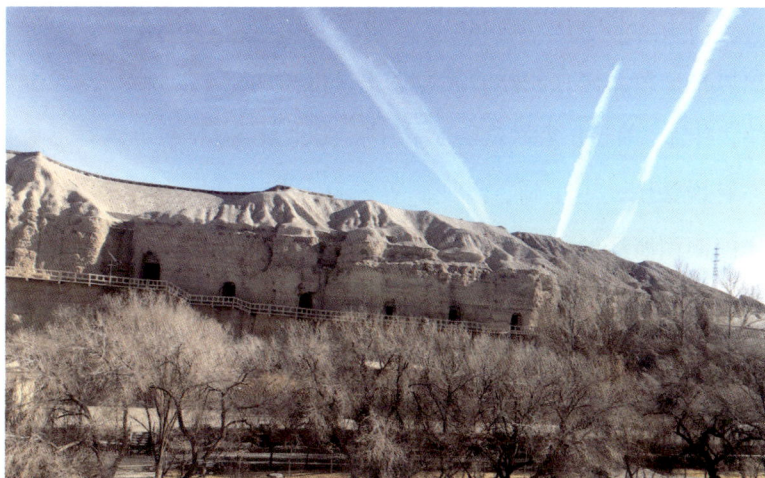

冬日西千佛洞

代最早的是北魏窟，西魏、北周、隋、唐、五代、西夏、沙州回鹘时期均有营建，最晚的是元代窟。洞窟形制有中心塔柱窟、覆斗顶窟、平顶方形顶窟等。现存大多为中心塔柱窟，主室中央有方形柱，四周开龛，龛内塑佛像。

现存彩塑53身，塑像多经清末与民国时期重修重塑，亦有少量未经重修而保存原塑风貌的，如现存最早的第7窟中心柱正面龛内的北魏残佛像，身姿雄健，阴刻衣纹线条流畅，是北魏时期秀骨清像式的代表作品。第19窟龛内的倚坐佛像也是五代时期的原塑，尚存唐代造像之风格特点，其东西两壁筑有像台，上设16尊罗汉塑像，现虽只存13尊，但均为当时原塑，是敦煌石窟中少见的以塑像形式表现十六罗汉的题材，其时间亦与中原同题材作品流行时代相近，是十分珍贵的佛教艺术珍品。

西千佛洞今存壁画 900 多平方米，壁画内容题材与同期莫高窟风格一致。保存较好的洞窟之中，可见四壁、窟顶及中心柱所绘，有佛、弟子、菩萨、天王、金刚、力士及飞天、供养人等形象，亦有说法图、本生画、经变画等内容。其中北周第 12 窟的南壁窟门两侧所绘的"睒子本生"和"劳度叉斗圣变"故事，其构图设色及人物形象绘制，显出浓郁的中原风格，为此期壁画的代表作。此劳度叉斗圣变，也是我国现存最早的此类经变画，比莫高窟的早出数百年。另外，唐代的第 17 窟绘有多铺经变画，如无量寿经变、东方药师变、降魔变、观音经变等，可与莫高窟同期同类内容的壁画相媲美。另外，始建于隋代的第 4 窟，经后代多次重修，留下具有不同时代特征的作品，其中沙州回鹘时期的绘画作品，以说法图及尊像画为主，画面阔大而人物稀少，注重装

西千佛洞壁画

饰，图案精美，显出回鹘时期的艺术特点。

西千佛洞窟区处在党河冲刷出的宽阔河谷中，古木参天，林荫蔽日，一片小小绿洲为古往今来者提供了休憩之地。参禅礼佛之余，亦可观赏美丽的峡谷风光。

3. 东千佛洞

东千佛洞位于瓜州县城东南 80 多公里处的榆林河峡谷两岸。因处在榆林河下游，当地人习惯称榆林窟为上洞子，此窟为下洞子。开凿于西夏晚期，现存窟龛 23 个，其中有塑像和壁画的洞窟 9 个，窟形有中心柱窟和覆斗藻井窟两种，均规模不大。其中存彩塑 56 身，壁画 486 平方米。壁画内容有经变画、说法图、

东千佛洞外景

菩萨、不空羂索观音和如意轮观音、曼荼罗等，还有千佛、供养菩萨、飞天、供养人像等。

其中的 2 号窟，为西夏时开凿的中心塔柱窟，中心柱后绘涅槃图，甬道两侧绘水月观音变，画面内容丰富，图像精美，汉藏结合，显密俱存，体现出中西佛教文化交流的特点。其中南北两壁各绘有一幅唐僧取经的画面，十分珍贵。东千佛洞所存壁画，代表了西夏佛教艺术的最高成就。该窟 1996 年被国务院列为第四批全国重点文物保护单位。

东千佛洞因纳入祁连山国家公园保护区域之内，已停止对游客开放。考察研究请提前联系。

4. 五个庙石窟

五个庙石窟为敦煌石窟群的一部分，位于莫高窟正南 80 多公里、今肃北蒙古族自治县县城西北 20 公里处的党河上游西岸峭壁上。这里自北魏至元代一直隶属于古敦煌郡（沙州），其佛教石窟与敦煌以及莫高窟有着千丝万缕的联系，绘塑风格也与莫高窟同时期艺术相同，属于敦煌艺术的重要组成部分。如今隶属于肃北蒙古族自治县文化馆管理。

蒙古族称石窟为"庙"，"五个庙"意即五个石窟。据《肃北县志》记载，五个庙石窟为一个石窟群，原名失考，历史上曾有较大规模，今存石窟 22 个，仅 5 窟较完整，因谓之五个庙石窟。洞窟开凿于砂崖的高处，距地面 12~15 米，分布在南北长约 300

五个庙石窟外景

米的悬崖峭壁上。石窟始建于北朝晚期，历经五代、宋初、西夏。有中心柱窟，壁画以经变画为主。有弥勒变、药师变、维摩诘经变、水月观音变等，其内容呈现出显密杂存的情况，既有大乘佛教的维摩诘经变画，也有密宗的千手千眼观世音菩萨和藏密的曼荼罗等题材。2013 年被列为第七批全国重点文物保护单位。

五个庙石窟周围河流蜿蜒、树木葱茏，风光优美。

三、千年营建铸奇功

在今名通行之前，莫高窟曾有过仙岩寺、崇教寺等不同名称。根据隋唐以来的石窟题记和藏经洞文献记载看，至少从隋代开始，"莫高窟"一名就已开始普遍使用了。"莫高"有时也写作"漠高"。从汉语字面看，"莫高"可释为没有比它更高的，即最高，莫高窟既可理解为地理位置最高的佛窟，亦可从宗教意义上理解为宗教地位至高的佛窟。而"莫"与"漠"两字可通用，"漠高"又可释为大漠高处；近来又有人提出，"莫高"有可能是梵语"解脱"之义的音译，将莫高的得名与佛教和梵语联系了起来，亦可成为一说。

除了莫高窟，敦煌古地名中还有莫高乡、莫高里、莫高原，可见莫高窟与这些乡、里、原的名称是互有关联的。从地势的角度看，莫高窟所在的鸣沙山东麓，较整个敦煌绿洲高出 150 多米，确实可称得上是高处、高原，所以从汉语语义方面解说显得更有

莫高窟外景

依据。

｜莫高窟的开凿与营建｜

莫高窟的建造历史长达一千多年，是世界上连续营建时间最长的佛教石窟群。其营建发展的这段时间，也是佛教在中国得到广泛传播并逐步本土化的最重要时期，莫高窟的营建发展史，本身也就体现了中国佛教发展的历程与特点。

莫高窟的开凿，始于公元 366 年。这年是前秦苻坚建元二年，也是西晋废帝太和元年。这是根据唐人记载所得出的一个时间。立于莫高窟第 332 窟前的武周圣历元年（698 年）"李君莫高窟佛龛碑"记载：

莫高窟者，厥初秦建元二年，有沙门乐僔，戒行清虚，执心恬静，尝杖锡林野，行至此山，忽见金光，状有千佛，遂架空凿岩，造窟一龛。次有法良禅师，从东届此，又于僔师窟侧，更即营建。伽蓝之起，滥觞于二僧。复有刺史建平公、东阳王等，各修一大窟。而后合州黎庶，造作相仍。实神秀之幽岩，灵奇之净域也。

此外，还有咸通六年（865年）题写在晚唐第156窟前室北壁上的《莫高窟记》，及法藏 P.3720 号写本，也都记载了相同的内容。

莫高窟记　右在州东南廿五里三危山上。秦建元之世，有沙门乐僔，仗锡西游至此，巡礼其山，见金光如千佛之状，遂架空镌岩，大造龛像。次有法良禅师东来，多诸神异，复于僔师龛侧又造一龛。伽蓝之□，肇于二僧。晋司空索靖题壁，号"仙岩寺"。自兹以后，镌□□不绝，可有五百余龛。又至延载二年，禅师灵隐共居士阴□等造北大像，高一百卅尺。又开元年中，僧处谚与乡人马思忠等造南大像，高一百廿尺。开皇时中，僧善喜造讲堂。从初□□至大历三年戊申，即四百四年。又至今大唐庚午，即四百九十六年矣时大唐咸通六年正月十五日记。

□通六年正月十五日記

曆三年戊申□四百四年又至今大唐庚午即四百九十六

大像高一百廿尺開皇時中僧善喜造講堂從初□□至大

大像高一百世尺又開元年中僧處諺與鄉人馬思忠等造南

可有五百餘合龍又至延載二年禪師靈隱共居士陰□等造北

二僧晉司空索靖題壁号仙巖寺自兹以后鐫□□不絕

多諸神異復於傳師合龍側又造一合龍 伽㽵監之之肇於

之狀遂架空□巖大造合龍像次有法良禪師東來

門樂傳伏錫西遊至此巡礼其山見金光如千仏

右在州東南廿五里三危山上秦建元之世有沙

莫高窟記

P.3720 号背面所抄《莫高窟记》

从这些不同时间的记载来看,敦煌莫高窟的开凿,确可追溯到乐僔、法良这两位禅师,他们首发其端,开凿了莫高窟最早的禅窟。在他们的影响下,来此开窟禅修的人越来越多,形成了窟寺。其后,北魏宗室东阳王元荣和北周的建平公于义,在他们主政敦煌期间也各自建造了一所大窟,对莫高窟的开凿起到重大的推动作用。在他们的带动下,当地百姓信众纷纷效仿,竞相在此开窟,莫高窟进入快速发展的阶段,到盛唐前的 7 世纪末,莫高窟已建有佛窟 500 余龛,到唐末就达到了 1000 左右。保存至今的窟龛尚有 735 个,可见唐代的记载是有依据的,并非夸大之词。

在一千多年前生产力与生产工具相对落后的情况下,营建佛教洞窟是一项相当耗费人力、物力的工程,需要雄厚的经济实力和虔诚信仰的支撑。可以说,莫高窟的营建,是敦煌及周边地区百姓经济实力、宗教信仰与艺术水平的综合体现。

│营建石窟的工序│

完整营建一个洞窟,大致需要这样一些工序:整体构想设计,选定位置,修整崖面,开凿窟室,处理窟壁、绘制壁画,制作安装彩塑,修造窟檐或殿堂等。

构想设计是开凿洞窟的先期工作。根据窟主的意愿与经济预算,结合崖壁实际情况及所要表现的题材、形制和规模,设计出可供实施的整体方案。这是洞窟开凿的前期工作。

选择一处位置适当的崖壁,修整好崖面,然后开凿窟室。这项工作也叫打窟,即在崖壁上开凿出相应的洞窟雏形。这是一项

敦煌绢画中描绘的安装佛像情景

非遗传承人杜永卫在制作彩塑

比较基础的工作，不太要求专精的技艺，但不同形制、不同规模的洞窟，差别也相当大。一般是从门洞开始挖起，自上而下进行开凿，有利于往外运送沙土，也预防了塌方的危险。开出一段甬道，深入后扩大范围，分别形成前室、主室，而开凿有中心塔柱、佛坛或大型雕塑的洞窟，需要在打窟的同时，预留出相应的塔柱、佛坛的位置。

　　处理窟壁、绘制壁画：莫高窟所在山崖为砂砾岩，疏松粗糙，无法直接进行雕刻绘画，所以要对开凿的洞窟崖壁进行处理，用拌和有麦秸和其他纤维的粗草泥将洞壁表面压实抹平，再涂上一层掺和了麻筋的细泥，打磨光滑，制作成地仗层，再在细泥表面刷一层薄薄的白粉，然后方可用于绘制壁画。

　　绘画由专门的画匠画工承担，往往有可供临摹借鉴的粉本可用。在白粉层上先勾勒出线描图，再按照要求，在线描图上细致涂绘相应的彩色，便可大致完成壁画。

　　制作彩塑：敦煌彩塑的制作，大体有四个步骤，即扎骨架、制泥、塑造、敷彩。一般以木材做骨架，确定好高度及头、肩、四肢姿态位置等，在木架上捆扎芦苇以增加附着力与承重力，然后在上面敷抹两三遍草泥，分几次塑成粗坯，再用掺有棉花的细泥精心塑造成型，最后敷彩上色。大型佛像的雕塑则不用木制骨架，而是要在开凿石窟时就提前预留出石胎雏形，然后在其上敷泥塑形，敷彩而成。

　　修建窟檐、殿堂：洞窟内部完成后，还要进行外部装饰，就是在窟外修建窟檐或者殿堂。这些建筑大多为木质材料或土木结合而成，对洞窟既有美观装饰的效果，也起到保护遮蔽的作用。现今莫高窟保存下来的唐宋窟檐共有五座。

这些工序全部完成，佛窟落成之际，还要延请僧人、设办斋供，祈福发愿，举办一场正式的庆典，才算是大功告成。

│ 窟主与供养人 │

窟主是出资造窟的功德主，亦是洞窟所有者。有个人窟主，也有数人同为窟主，还有家族甚至数个家族作为窟主的。这些人是一个由不同的阶层和等级组成的宗教群体，从北魏东阳王元荣开始，直到五代宋初，凡瓜、沙二州的刺史、都督、节度使等官员均曾营建洞窟，这既是一种德政，也是炫耀身份威望的手段。此外，普通的官僚乡绅、庶民百姓、将领兵士、大德僧尼、工匠乃至奴婢等人也纷纷开窟造像，从而成为窟主。供养人指所有出资、出物或出力营建石窟的人，当然也包含窟主在内。洞窟营建完成后，为祈福求愿、彰显家世功名，往往会将供养人的图像彩绘于所建窟内，出资者每人一幅，并标上题名。若是一人或一家独建洞窟，会将功德主及全家族相关人等的图像都绘上。

洪䛒法师与藏经洞　洪䛒法师（？—862年）是莫高窟第365、第16、第17窟的窟主，藏经洞的真正主人。洪䛒是法号，因俗姓吴，又做过僧统之官，又被称为吴僧统、吴和尚。他主要生活于吐蕃统治时期。早年出家，精习佛典，吐蕃时期已是敦煌有名的高僧，曾做过十几年大蕃沙州释门都法律兼摄副教授，又做过释门都教授。他在莫高窟主持营建了第365窟，并建了"法华无垢之塔"。唐宣宗大中二年（848年）张议潮起义时，他也全力支持并参与其事，还派弟子悟真随张议潮的使节同入长安。公元851年，他得到唐宣宗的敕封，称京城内外临坛供奉大德、充河西释门都僧统，负责河西及沙州的佛教事务管理。后又营建第16窟，并在16窟甬道北壁开凿了一个小窟作修禅之用，这个小窟，即17窟。

洪䛒约于咸通三年（862年）圆寂，他的弟子将17窟改为他的影窟，塑了他的坐像。到11世纪初的某一年，洪䛒法师的这个影窟，被放入数万件文献和法物后封藏起来，直到1900年6月22日被王道士打开。

洪䛒塑像及藏经洞北壁壁画

| 敦煌的工匠 |

辉煌灿烂的敦煌石窟艺术，是古代工匠高超技艺与佛教艺术完美结合的最终体现。佛窟从开凿到营建完成，每一步骤都是不同行业、工种的匠人们通力合作的结果。敦煌的工匠，从技艺水平级别来说，从高到低，分别称都料、博士、匠、生或工，用通俗的话来比喻，都料相当于总工程师，博士相当于工程师，匠就是熟练技术工人，生、工就是学徒、小工了。就石窟营建来说，不同工序过程所用到的工匠种类也不同，开凿窟岩的打窟人，主要是石匠；修整窟壁、制作地仗，以泥匠为主；绘制壁画的是画匠；制作塑像的是塑匠；建造窟檐、殿堂的，以木匠、泥匠、瓦匠为主。

在北周时期的第 296 窟窟顶部位，有一幅描绘修建佛塔及绘画情景的壁画，从上下两层画面中，可以看出工匠正在建塔和绘制壁画，有在下面运送传递材料的，有站在塔上砌墙的，还有人手拿矩尺在规划指挥的。下层画面中，有人修补屋檐，有人运送材料，屋室两旁，各有画匠一手执调色碗一手执画笔，正在绘制壁画。工匠们分工

莫高窟第 296 窟　建造与画壁图

明确，协同合作，正在有条不紊地工作着。

敦煌鲁般的传说　作为丝路文化交流的重镇，敦煌的工匠受到中原与西域两地的影响，技艺水平高超，得到世人的欣赏赞誉。唐代著名文人张鷟记载的"敦煌鲁般"故事，便是一个例证：

鲁般者，肃州敦煌人，莫详年代，巧侔造化。于凉州造浮屠，作木鸢，每击楔三下，乘之以归。无何，其妻有妊，父母诘之，妻具说其故。父后伺得鸢，击楔十余下，乘之遂至吴会。吴人以为妖，遂杀之。般又为木鸢乘之，遂获父尸。怨吴人杀其父，于肃州城南作一木仙人，举手指东南，吴地大旱三年。卜曰：般所为也。赍物具千数谢之，般为断一手，其日吴中大雨。国初，土人尚祈祷其木仙。六国时，公输般亦为木鸢以窥宋城。

这个故事说敦煌工匠鲁般技艺高超，巧侔造化，他制造出的木鸢，可载人飞行，能从凉州飞到敦煌，也可从敦煌飞至苏州，还可同时乘载两人。不仅如此，他还能造出具有神秘力量的木仙人，手指东南，使吴地大旱三年。

抛开其中的神异巫术内容不论，单就这一故事本身的流传，即可看出唐人对敦煌工匠技艺的极度欣赏与神化，而这欣赏与神化的背后所反映的，正是敦煌地区佛

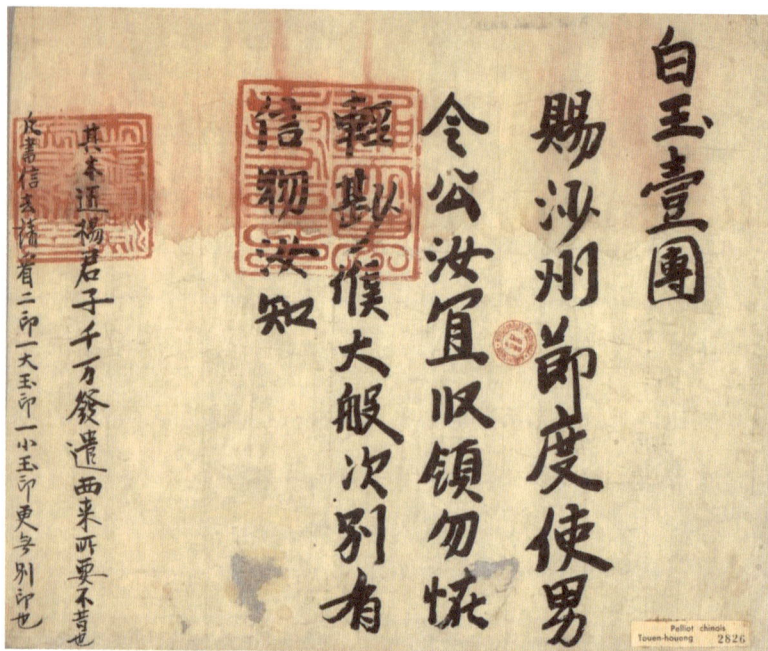

P.2826《于阗王致沙州节度使书》

教窟寺、殿堂营建的兴盛持久和当地工匠整体技艺高超的事实，以及民众对木匠祖师鲁班的崇拜之情。

敦煌木匠的技艺被人们所称道所追捧，并不仅仅表现在笔记故事中，还有真实的历史文献来佐证。五代宋初时，西域的于阗国王为求得一个敦煌的好木匠，专门送给沙州节度使曹氏一大块于阗白玉。藏经洞恰好保存下了这封信，内容如下：

白玉一团，赐沙州节度使男令公。汝宜收领，勿怪轻鲜。候大般次，别有信物，汝知。

其木匠杨君子千万发遣西来，所要不昔（惜）也。

从内容看，于阗王写信给沙州归义军节度使，其目的就是要用一团白玉来换取沙州木匠杨君子西去于阗，虽然"其木匠杨君子千万发遣西来，所要不昔（惜）"的话是用小字写在末尾部的，但这才是全信核心内容，需要特地叮嘱提醒。可见当时敦煌木匠之盛名和人们对这类人才的重视与索求。

营建一座洞窟所用时间

根据洞窟形制、规模大小，以及窟主的财力与社会条件，开凿并营建完成一个洞窟所用的时间有较大差异，数年到数十年不等。大型洞窟的开凿，一般需要一到三年；小型洞窟的开凿时间相对短一些。比如第130窟这样的大像窟，开元九年（721年）动工，开元十三年（725年）凿成，用了四年时间。而洞窟凿成后绘制壁画与塑造佛像的时间，则需数月到半年左右。也有一些用时较长的，如130窟，开元十三年（725年）凿成，到天宝末年才绘制完成，绘画用了30年的时间。武则天时期的第335窟，制作塑像与绘制壁画的时间前后有17年之久。

营建一座洞窟所需费用

在手工劳动为主的时代，完成一座洞窟的营建，包括凿岩开窟、修建窟檐殿堂，以及绘画塑像等一系列工作，所费人力物力巨大。五代时期的《敦煌录》记载："镌凿高大沙窟，塑画佛像，每窟动计费税百万。"就是说，每一座洞窟的营建费用，包括开凿洞窟、绘画、塑像等等，动辄要花费百万钱。百万钱无论在古代还是现代都不是一个小数目。以唐代官员收入为例，一个三品的州刺史的月俸禄为 17 贯钱，即一万七千文钱，而九品的县主簿的月俸为 1719 文钱，百万钱相当于一个高级官员 5 年的全部俸禄，更是一个基层小官员近 50 年的收入！所以说，开凿佛窟是一项耗费巨大的工程，往往意味着一个家族几代人积聚的财富的投入，一般平民之家根本无力承担。虽然花费巨大，在虔诚的信徒看来，这些财富的投入能够祈求来神佛对其家族子孙的护佑，是非常值得的事。故此，不光敦煌人开凿佛窟的热情持续不减，附近地区的大族官员也到莫高窟来开窟；一家的钱不够，就多家多人共同出资，或者众人集资营建。归义军时期的每一任节度使几乎都建造了属于自己的佛窟，而且都是大窟，他们虽然财力雄厚，但也同样需要姻亲贵戚的相助，共同完成这项功德大业。

第四单元

丝路胜境看敦煌

天王像

敦煌彩塑代表作之一。盛唐时期。位于莫高窟第 45 窟正壁龛内北侧。天王是佛教中的护法神，勇武威猛是其特点。这尊天王立像，身着铠甲，发髻高束，怒目圆睁，张口咆哮，左手叉腰，右手握拳，足踩地鬼，显得威武雄壮又凶猛暴烈，俨然一位唐代武将的形象。天王足下所踩地鬼，赤身露体，面目狰狞，勉力挣扎着撑起上身，反而衬托出天王的孔武有力。表现极生动，使人在观其形象的同时，似乎也能听到他的怒吼，感到其震慑邪魔的强大威力。

欲保秦陇，必固河西；欲固河西，必斥西域。

——［清］顾祖禹

不懂中国西部，便不懂中国。

——贾植芳

一、沙漠与绿洲

　　敦煌独特的地理、气候条件决定了其沙漠和绿洲并存的景观特色。从景点上来说，既有以沙漠戈壁景观为主的鸣沙山、雅丹景区，也有许多森林公园、农田、果园等绿洲风光。沙漠的荒凉与绿洲的葱郁形成巨大的反差，只有亲身游历过的人，才能真正体会敦煌在古代丝绸之路上的珍贵价值。

1. 鸣沙山月牙泉景区

　Ⓢ 门票：现场售票 / 网络售票

旺季门票价格：120 元 / 人

淡季门票价格：80 元 / 人

　🕐 开放时间：全天

　📍 到达：敦煌市内乘坐 3 路车直达鸣沙山景区

鸣沙山月牙泉位于敦煌市南 5 公里处。在鸣沙山高大的沙丘中间,有一月牙形的水泉,古人谓之"沙井",今人称作"月牙泉"。月牙泉四面被沙漠环抱,在干旱险恶的环境中却不干涸,是沙漠中的一大奇观,被称为"沙漠第一泉"。清道光《敦煌县志》称"泉甘美,深不可测""四面沙龙,一泉澄澈,为飞沙所不到"。在敦煌古八景之中,鸣沙山、月牙泉被称为"沙岭晴鸣"和"月泉晓澈"。每逢端阳节,当地百姓男女老少相邀至此,登沙山,观泉水,为民间盛大的习俗,流传至今。

　　来此游玩,通常以清晨或傍晚为宜。骑上骆驼,在叮当悠扬的驼铃声中由缓坡慢慢登上沙丘,或者从陡坡手脚并用地爬上高峻的峰顶,体验传说中的进一步、退半步的感觉;或舒展全身卧于沙丘之上,看日升日落,云卷云舒;或者更放肆一些,从陡峭的沙山滑下、滚下,感受身体与沙子的接触摩擦,轻松惬意。

滑沙

鸣沙山月牙泉

鸣沙山整个山体由细小的五色沙积聚而成，一旦狂风骤起，沙山产生巨大的共鸣，声震数十里；微风吹拂时，则如丝竹管弦。从鸣沙山顺势下滑，脚下的沙子呜呜作响，故称鸣沙山。

鸣沙山中午受到太阳照射，酷热难耐；而太阳一旦落下，气温又会很快变冷。如果是夏秋季节，应避免中午去沙山滑沙，最佳游玩时间是清晨和傍晚。

在鸣沙山月牙泉景区除了观赏沙海奇观，还有一系列体验性游乐活动，如滑沙、骑骆驼、徒步、热气球、沙漠露营、篝火晚会、滑翔机等，可以深入体验沙漠旅行的各种乐趣，观看沙漠日出日落。需要注意饮水和防晒。

鸣沙山月牙泉景区游客中心内还有"鸣沙山月牙泉地学陈列

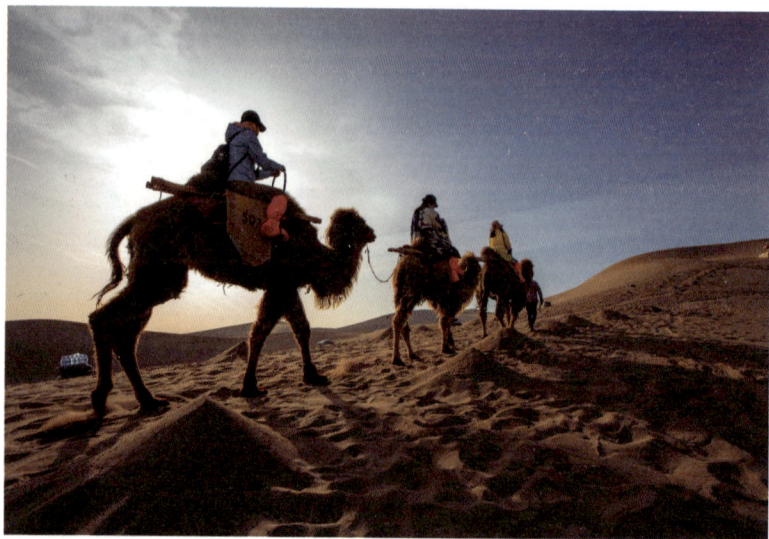

在鸣沙山骑骆驼

馆"，在这里可以看到相关地质地貌演示，了解鸣沙山、月牙泉的形成原因与科学奥秘。

　　鸣沙山线路的旅游项目还有敦煌民俗博物馆、雷音寺、月牙泉小镇、鸣沙山景观大道等。2002 年，鸣沙山月牙泉景区正式启用了东门游客中心，扩大了游客观光、体验的范围。

　　| 雷音寺 |

　　雷音寺又名观音堂、解脱庵，位于鸣沙山月牙泉景区附近，占地 300 亩。寺院以莫高窟第 172 窟经变画中的建筑结构为蓝图设计建造，由山门、天王殿、大雄宝殿及陈列馆等建筑组成，是一处具有明显唐代风格的汉传佛教寺院，也是敦煌境内规模最大、

雷音寺

最重要的佛教活动场所。

| 月牙泉小镇 |

　　月牙泉小镇位于鸣沙山下，是一处以沙州古城为模板打造的休闲旅游区。小镇古朴典雅，有特色美食、手工艺坊、主题客栈及休闲娱乐区。敦煌的国家级及省级非物质文化遗产中的许多项目，如敦煌曲子戏、壁画故事、木雕、民间传说、民歌等项目，多落户于此。游客在这里不仅可以身临其境体会古色古香的汉唐建筑，感受驼铃叮当的苍凉悠远，更能亲身体验敦煌写经、剪纸、彩塑等传统文化项目。

月牙泉小镇

月牙泉小镇

| 鸣沙山景观大道 |

鸣沙山景观大道全长 32.3 公里，是甘肃省最长的彩色景观道路。大道一端牵着鸣沙山，另一端通向生机盎然的绿洲田园。道路平坦宽阔，色彩绚烂，宛如飘落敦煌的飞天彩带，串联起鸣沙山月牙泉、国际会展中心、秦家湾绿洲田园、敦煌影视城丝路文化景观、西出口丝路文化景观等节点以及相近的众多重要自然风光与人文景观，其间在党河大桥西侧还设有南台堡综合服务点。这条集旅游、观光、交通于一体的景观大道，是甘肃省唯一入选"2019 全国美丽乡村路"的公路。

2. 党河风情线

党河，又称党水、宕河，古称氐置水、都乡河，源出祁连山南的深沟，由南向北流淌，穿过敦煌绿洲。敦煌古八景之一的"党水北流"，所指正是此景。千万年来，党河流水潺潺不息，孕育了敦煌的绿洲文明，其支流也曾映照过莫高窟的佛窟楼阁。清道光年间《敦煌志》记述莫高窟是"前流长河，波映重阁"；清代诗人苏履吉《敦煌八景题咏》中也赞叹："党河分水到十渠，灌溉端资立夏初。不使北流常注海，相期东作各成潴。一泓新涨波浪浅，两岸平排树影疏。最爱春来饶景色，寒冰解后网鲜鱼。"如今，"寒冰网鱼"的美景在莫高窟已看不到，但党河的流水一直浇灌滋润着这片绿洲。

党河流水一路向北穿过敦煌市区，形成了 3.6 公里长的党河

党河风光　唐华摄

风情线景观带。沿河两岸，逶迤布列着古色古香的汉唐临河观景亭、河中音乐喷泉、月泉、飞天广场以及 10 万平方米的湿地公园，将一座戈壁中的绿洲城市打造得灵秀多姿、美景如画，给敦煌这座丝路名城增添了更多的灵气和神韵。党河风情线已被列为国家级水利风景区。

3. 西云观

西云观又名栖云观，位于敦煌城以西 1 公里许。清雍正八年（1730 年）始建。民间相传，西王母居敦煌三危山，乘青鸟往来于瑶池之间，敦煌百姓登古城远眺，看到霞光辉映于城垣之西，

西云观

便共同集资在城西修建了这座道观。民国时期又进行了两次续建，最终形成今日的格局。这是敦煌市内唯一开放的道教活动场所，其中有七座殿宇、南北斗楼以及花亭柳榭等建筑，尤以《西游记》故事彩色悬塑、鲁班窗和花鸟屏风画最为精美，号称当地三绝。2017年，被列为甘肃省第八批文物保护单位。

4. 三危山

三危山位于敦煌市东南25公里，东西绵亘数十公里，主峰隔大泉河与莫高窟、鸣沙山遥遥相望。三危山被誉为敦煌第一圣境，古书早有记载，人们认为它就是《尚书·禹贡》和《山海经》

中提到的"三危",比敦煌的得名还要早。因为山有三峰,高高耸峙,好像要倒下来的样子,所以得名"三危"。敦煌古八景中的"危峰东峙",指的就是三危山。古诗说:"坐镇敦煌第一山,谁移泰岳到阳关。"将三危山的雄奇壮伟和泰山相提并论。清代曾做过敦煌县令的苏履吉,在《敦煌八景题咏》中写道:"矗立三峰碧汉间,相看积雪接天山。"盛赞此山的雄奇威武。

三危山与莫高窟密不可分。1600多年前的乐僔和尚,就是因为看到了三危山上状如千佛闪耀的金光,才认定脚下的鸣沙山是可以修行成佛的好地方,从而凿开了莫高窟的第一窟。不久,法良禅师也慕名来此开窟修行,之后才陆续有了唐代的千所窟龛,成就了莫高窟的千年佛教艺术传奇。今天,站在莫高窟前东望,对面的三危山依旧巍然高耸,峰峦叠嶂,连绵起伏,远远映照并守护着莫高窟。也曾有人机缘巧合,亲眼看见过三危山上金光耀眼、千佛并现的奇景。如果说鸣沙山为莫高窟提供了神圣处所的话,那么三危山就是这个神圣位置的指引者与启迪者。

三危山与西王母的传说相连,也是道教圣地。长生不死、求仙升天以及青鸟、不死药故事的流传,使三危山成为方士道徒的向往之所,宋代之时人们已在山顶建造了王母宫,作为求仙奉道之所。历史上这一带也曾广建庙宇、香火旺盛,今尚存南天门、王母宫、山门牌坊、观音庙、老君堂等残址。如今民间又兴资重建了王母殿、观音殿、龙王殿、平安庙、山神殿、大成殿、南山寺等景点,均向游客开放。

三危山

5. 莫高里工匠村

莫高里工匠村位于三危山下莫高镇新墩村，南距莫高窟 15 公里。莫高里工匠村是省级非物质文化遗产传承基地，承担着敦煌彩塑这门传承了上千年而濒于失传的古老技艺的抢救、保护、传承与创新的职能。工匠村由杜永卫美术馆、老工坊、百年敦煌、古代匠师纪念馆、非遗坊、鸣山雅集等部分组成。在这里随处可见莫高窟彩塑与壁画艺术的如实复原，可以欣赏了解彩塑、壁画的制作过程以及生动具体的讲解、示范，是深入体验敦煌悠久历史文化内涵和工匠精神的好去处。如果游客因无法尽情饱览莫高窟的彩塑、壁画而感到遗憾的话，那么到莫高里工匠村游览参观，则不失为弥补这一缺憾的最佳途径。

莫高里工匠村

6. 雅丹世界地质公园

$ 门票：50 元。现场购票 / 直通车套票

🕐 开放时间：根据日出日落时间变化因素，雅丹国家地质公园开放及售检票时间会有变动

夏季 06：30—19：00

冬季 08：30—16：30

地址：敦煌市西北 168 公里，距玉门关 80 公里

电话：0937-8841885

📍 到达：敦煌宾馆乘坐敦煌文旅集团景区直通车 / 自驾 / 租车

雅丹原为维吾尔语，指陡立的小山丘，瑞典探险家斯文·赫定最早借用这一语音来指称罗布泊地区的风蚀性地貌，后为学界普遍接受，泛指干燥地区因风化、风蚀作用与间歇性流水冲刷而

形成的风蚀土墩和风蚀沟槽的地貌组合。

敦煌雅丹地貌景区位于敦煌市区西 168 公里处，总面积 450平方公里，属于罗布泊地区雅丹地貌的四个分布区之一的三垄沙雅丹地貌。这类地貌其实在古人书中已有记载，东汉班固《汉书》中称为龙城、白龙堆或龙堆的，指的就是雅丹。敦煌地质公园的雅丹体形态多样而奇特，矗立在黑戈壁上，展现出各不相同的形态，人们按照其形状特点，给予它们不同的命名，如金狮迎宾、狮身人面、孔雀玉立、西海舰队，以及各种动物的名称如企鹅、雄鸡等。白天这里一片宁静，到夜晚风起，狂风呼啸的声音在林立陡峭的塔柱与沟壑之间回旋碰撞，变形放大，犹如魔怪怒吼，令闻者丧胆，所以得名"魔鬼城"。因其独特的地质特征，2015 年，敦煌被联合国教科文组织授予"世界地质公园"称号，雅丹魔鬼城是其中重要的组成部分。

景区分南北两区，目前开放游览的只是其中一部分。游人可以乘坐景区车进入游览。

进入雅丹景区前，建议先参观地质博物馆。博物馆内设有 8个展厅，介绍展览了与敦煌地区地理、生态、文化相关的诸多内容。

雅丹的最佳游览时间为清晨或傍晚，此时光线斜射，温度低，拍照效果最好。中午前后阳光强烈，温度升高，暴晒之下，须注意防晒，多补充饮水。

雅丹以外，地质公园景区沿途一带的黑戈壁也是自然奇观，值得稍稍留意观察。这里处在敦煌盆地边缘由北山洪流以及疏勒

敦煌雅丹

河等河流形成的洪积扇沉积带上，由于大风长期吹扬，沙土被吹走，留下砾石，形成风蚀戈壁。而这里的砾石又以黑色居多，故称为黑戈壁。

7. 敦煌西湖国家级自然保护区

请提前与管理部门联系，咨询参观游览事宜。

敦煌西湖国家级自然保护区位于敦煌市西部，西邻库姆塔格沙漠和罗布泊，北接雅丹世界地质公园，南与阿克赛哈萨克族自治县相连。保护区总面积达 6600 平方公里，湿地总面积 2600 平方公里。这里区域广阔，地貌类型多样，野生动植物资源丰富，其中的内陆湿地生态系统、荒漠生态系统和珍稀野生动植物，是最主要的保护对象。保护区处在河西走廊海拔最低的地带，水资源丰富，有大面积的季节性沼泽型湿地，形成阻挡塔克拉玛干沙漠东侵的一道天然生态屏障。这里有世界第三大的胡杨林，有罕见的羽毛状沙漠，以及国家重点保护的野生动植物数十种。野生双峰驼、金雕、黑鹳、小鸨、大鸨、波斑鸨是国家一级保护动物，我国第二个普氏野马放归基地也设在这里。

沙漠、戈壁之外，保护区的沼泽湿地景观非常富有特色。这里灌木丛生，红柳成林，芦苇茂密，连片的水面波光粼粼。每年春季，有丹顶鹤、天鹅、黑颈鹤、野鸭子等候鸟来此觅食嬉戏，黄羊、狐狸、野兔也经常出没。深秋，胡杨林变成一片金黄，倒映在如镜的湖面，天空碧蓝，树木金灿，景色美如梦幻。

胡杨　唐华摄

胡杨　胡杨又名胡桐，落叶乔木，为适应寒冷干旱的气候，根系非常发达。是一种随年轮而变换形状、随季节而更换颜色的神奇树种。在极度干旱的戈壁滩上生根成长，枝繁叶茂，它们的根紧紧锁住流动的沙丘，阻挡和减缓着塔卡拉玛干沙漠的北移。一旦遇风沙埋住主干，它又从主干长出新的根系。固沙能力强，可以减少土壤的沙化和流失。相传胡杨树可以活一千年不死，死一千年不倒，倒一千年不朽，被称作沙漠中的奇观。

二、行走丝绸之路

西汉王朝取得河西走廊之地、设立河西四郡后，为确保这片地区的安全与交通道路的畅通，一方面将长城向西延伸到敦煌以西的盐泽，在长城沿线设置众多的烽燧亭障，另一方面在敦煌以西分别修筑了玉门关与阳关，使之形成掎角之势，从南北两端分别扼守住西域进入中原的门户，构筑起一套完整的军事防御体系。这个体系的构建，确立了敦煌作为丝路咽喉的地位，也决定了后来丝绸之路南北两道的走向。

敦煌西边的玉门关和阳关，相距70公里，分别成为中原通往西域的丝路中道和南道的起点。中道出玉门关，沿塔克拉玛干沙漠北行，经罗布泊，到达车师、高昌、焉耆、龟兹、疏勒。从阳关出发的南道，沿白龙堆、塔克拉玛干大沙漠南行，至鄯善、于阗、莎车、葱岭，为天山南道。后来又有北道，从安西（今瓜州）出发，取道伊吾（今哈密）、北庭（今吉木萨尔）、伊宁到达碎叶。

唐代行脚僧

通往西域的古道，千百年来，承载了重要的贸易、外交、文化交流等诸多社会功能。其中，敦煌始终是丝路上的咽喉要冲，为东西方往来的必经之地，为人类文明的发展作出了极大贡献。

1.阳关景区

💲 门票：50元，区间车10元

现场售票/直通车套票

🕐 开放时间：全天

电话：0937-8826323；0937-8601297

📍 到达：敦煌宾馆乘坐敦煌文旅集团景区直通车/自驾/租车

阳关景区位于敦煌城区西南70公里处。主要由历史遗迹、

阳关墩墩山烽燧遗址

阳关张骞塑像

大漠自然风光及阳关博物馆等构成，具体包括仿汉代风格重建的
阳关关城、阳关博物馆以及附近的墩墩山汉代烽燧遗址。高大的
关城以黄土夯筑而成，森严的关门，高耸的牌楼、城阙，城下陈
列的武器，城头迎风猎猎的战旗，以及手持节旄、挥马前行的张
骞塑像，都令人产生一种时空穿越之感，仿佛重回两千年前。

　　阳关是汉代内地通往西域的必经关口和丝绸之路的南大门，
它和玉门关互成掎角之势，南北策应，构筑起河西走廊最西端通
往西域的重要门户。阳关建成之后，始终未曾迁徙，及至唐代，
汉时阳关早已荒废。敦煌文书 P.3929《敦煌廿咏》中有一首专
门歌咏阳关的诗——《阳关戍》：

万里通西域，千秋尚有名。

平沙迷旧路，智井引前程。

马色无人问，晨鸡吏不听。

遥瞻废关下，昼夜复谁扃？

从诗中所咏可看出，晚唐时的阳关，黄沙掩路，井水干涸，没有戍卒昼夜把守、启闭关门，一片废弃荒败的景象，不再是过去那个连通万里西域的雄关。

|阳关博物馆|

阳关博物馆位于阳关景区内。仿汉代风格的建筑，恢宏大气。博物馆由两关汉塞陈列展厅、丝绸之路陈列展厅及仿汉阳关关城等城堡式建筑群组成。展品内容丰富，形式多样，极具特色，集中展现了长城、阳关等汉塞在古代丝绸之路交通及军事防御中的突出作用。馆藏的数千件各类文物中，兵器占了很大比例，如弓、箭镞、弩机、钺、戈、矛、戟、啄、斧、剑、刀、短剑、鞭、锤、叉、削刀、匕首之类，详尽展示了中国古代军事战争发展与兵器演变的历史，富有历史价值与特色。阳关博物馆是目前中国西北地区最大的景点式遗址博物馆。

|阳关烽燧遗址|

参观完阳关博物馆，一定要前往不远处的墩墩山烽燧遗址看看。这是这片景区中历史最悠久的遗址，虽历经两千多年，依然挺立在山头之上，如同恪尽职守的哨兵，俯瞰守候着周围的一切，

阳关景区

所以有"阳关耳目"之称。登上观景台眺望四周，南北可见两片绿洲和一片水面，水面为黄水坝水库，即古渥洼池。南面山脚下是古阳关大道，呈现一片沙红色，稍远处是古董滩。

游览阳关景区，游客可凭吊古迹、参观展览、登高远眺，也可参与体验持牒出关、饮酒壮别、骑射练兵、刻石留名、穿戴汉服、制作彩陶，以及漫步阳关道、攀行独木桥、沙漠探险、品尝农家餐饮等特色活动。

2. 玉门关遗址

ⓢ 门票：40 元 / 张（含玉门关、河仓城、汉长城）

区间车：50 元 / 张

现场售票 / 直通车套票

🕐 开放时间：全天

电话：0937-6951018

📍 到达：敦煌宾馆乘坐敦煌文旅集团景区直通车 / 自驾 / 租车

玉门关，又称小方盘城，坐落在疏勒河下游南岸，敦煌市西北 100 公里处，与阳关同为丝路两关之一，不过它的位置在北，阳关在南，两关相距 70 公里左右。

玉门关遗址内景

玉门关　张建华摄

　　玉门关是丝绸之路上的重要关隘，具有扼守要塞、盘查行旅出入往来，并征收商税的重要功能。通过这里的道路，向西沿塔克拉玛干沙漠北行，可经高昌、焉耆、龟兹、疏勒等西域诸国，抵达地中海沿线的西方各国，向东则进入中原。历史上的玉门关，随丝路的兴盛而兴盛，也随丝路的衰落而荒废。今天的汉玉门关遗址，已荒废千年之久，周围建筑皆荡然无存，仅剩下一座不大的黄土夯筑的方城，依然坚固。遗址呈方形，高约10米，长宽20多米，由四面土墙壁组成，在土墙的西北两面各有一门。

3. 河仓城遗址

$\circledS$ 门票：40 元 / 张（含玉门关、汉长城、河仓城）

区间车：50 元 / 张

现场售票 / 直通车套票

🕐 开放时间：全天

河仓城遗址位于小方盘城东北约 13 公里处，又称大方盘城，是一座古代的粮仓遗址。城为正方形，四面城垣坍塌，仅有残基，面积达 2.3 万平方米。城门偏北有一长形自然土台，高约 1 米，台上建仓房一座，中有隔墙两道，间隔为 3 大间，每间均南面开门。仓垣多处坍塌，城墙厚 1.5 米许，残高 6 米，最高处可达 7.6 米，

大方盘城遗址

南北壁上开两排对称的通风孔，呈三角形，上三下五，巧妙地利用了地形地势和建筑自身的条件，解决了粮食的通风问题。仓外12米处又环围仓墙一道，仅存东、北二墙，四角有角墩，西南角墩高7米。敦煌郡所产粮草存储于此，供玉门关及周围的戍卒军马所需。敦煌遗书S.5448《敦煌录》记载："敦煌太守令狐丰修筑河仓城。……州西北二百三十里,古时军储在彼。"汉晋以降,河仓城作为军备粮仓的战略地位一直没有改变。

玉门关、河仓城、汉长城互为呼应，在古代的西部边陲，共同守卫着敦煌和中原文明的大门。

4. 汉长城遗址

💲 门票：40元/张（含玉门关、汉长城、河仓城）

区间车：50元/张

现场售票/直通车套票

🕐 开放时间：全天

敦煌境内的汉长城，在浩渺无垠的大漠中东西蜿蜒，遗存近百公里。沿线分布烽、燧、亭、障一百多处，虽大多为残垣断壁，却是汉代中国北方军事防御体系的重要组成部分。历经千百年来的风雨侵蚀，依然挺立。

长城烽燧由黏土、沙砾夹杂红柳、芦苇等植物根茎夯筑而成，呈上窄下宽的方柱形。有的残高10米左右，底宽7~8米。烽燧旁多有房屋、堡台等，烽燧与烽燧之间相距5公里左右。烽燧周

汉长城遗址

围出土过 2400 余枚汉简文书和丝织品、兵器、积薪、陶器等。至今依然可见由胡杨枝、红柳枝和芦苇堆积成捆的"火苣""积薪"十余堆。这些"火苣""积薪"在汉晋时期的几百年里，使得"烽火幸通"，相望不绝。举燔苣、燃积薪报警的具体规定，在出土的"敦煌郡烽火品约"汉简中有详细记载。古代的戍卒们就是凭借着这些就地取材而建起的防御设施和报警系统，保卫着西部边陲的安全和丝绸之路的畅通。

玉门关西面党谷燧一带的长城，基厚 3 米，残高 2~3 米，是目前我国汉代长城中保存最完整的一段。

汉长城与明长城 提起长城，人们最易想到的，可能是过去中小学课本里提到的概念：万里长城东起山海关，西到嘉峪关；人们熟悉并印象深刻的，也多是北京八达岭长城、居庸关长城，或者山海关、嘉峪关，多用青砖垒砌而成，坚固高大险峻。这当然没有错。不过，这个概念与印象，仅属于明代长城及其关隘，并不适用于所有的长城。汉代修筑的长城是为抵御匈奴人的进犯，它的西界比明长城延伸出去更远更西，直达敦煌以西的盐泽附近，估算起来，至少长出 500 公里。当明朝修筑长城、嘉峪关以防犯蒙古人的时候，汉长城早已在大漠戈壁中伫立了 1500 多年。有了这些概念作为参照，我们再去看敦煌的汉长城遗址，才能够全面理解那些残垣断壁对中华民族的意义所在。

5.古董滩

💲 门票：无

🕐 开放时间：全天

📍 到达：自驾 / 租车

在阳关附近的墩墩山烽燧向南眺望，眼前是一大片望不到头的戈壁滩，过去人们常在这里拾到一些散落的破碎陶片、瓦片，以及铜簇、钱币等古物，故此被当地人形象地称为"古董滩"，还流传着"进了古董滩，空手不回还"的俗语。古阳关自西汉以

古董滩

来雄踞此地，在丝路畅通、贸易往来频繁的汉唐时代，无论是东来西往的商队、使者，还是征人戍卒，都会在此勘验过所、办理出入关隘的手续，等候的同时，也顺便打尖休憩。可以推想，正是当年人来人往、驼马嘶嚷的热闹，才有今日"古董滩"之得名。

古董滩的戈壁泛着淡淡黄色，在阳光下更显金光耀眼，破碎的陶片、古钱散落在戈壁沙石间，静送千年岁月。曾经的热闹繁华，与如今的空旷寂寥，形成鲜明的对比。

6. 渥洼池

$ 门票：无

🕐 开放时间：全天

📍 到达：自驾 / 租车

由阳关向南远眺，可见远处一片绿色围绕着的水面，这就是著名的古渥洼池，相传为汉武帝得天马之所，唐代称寿昌海，今称黄水坝水库、阳关水库。位于敦煌阳关国家级自然保护区的核心区，是由上游多股泉水汇聚而成的一处湖泊，东南距南湖乡政府4公里。汉武帝得到天马之后，曾作《太一之歌》和《西极天马歌》赞咏天马，称为龙种。因此，从汉代开始，人们将渥洼池视为龙种所出之地。唐悟真和尚在为归义军节度使张议潮撰写的《谨上河西道节度公德政及祥瑞五更转兼十二时共一十七首并序》

莫高窟第 290 窟　胡人驯马

中，就称张议潮为"渥洼龙种，丹穴凤雏"，歌颂张议潮率民众赶走吐蕃、统辖河西归义军之功业德政。敦煌文献 P.5034《沙州都督府图经》中记载了渥洼池的位置，即寿昌城东南 5 公里处。

7. 敦煌影视城（敦煌古城）

⑤ 门票：40 元（仅供参考）

现场售票 / 网络售票

🕐 开放时间：全天

📍 到达：自驾 / 租车

位于敦煌市西南通向阳关方向的道路南侧戈壁大漠中，距敦煌市区 18 公里。

敦煌影视城源自 1987 年为中日合拍大型历史故事片《敦煌》

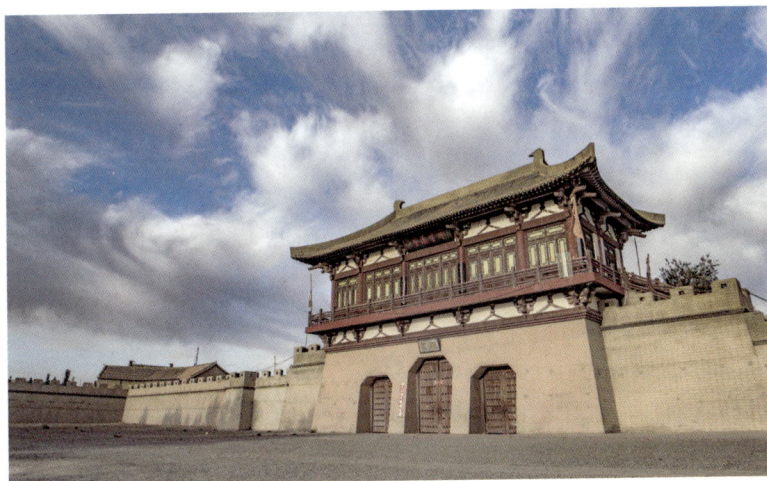

敦煌影视城

而建造的仿古敦煌城。该城以宋代张择端的《清明上河图》为蓝本，仿古代沙州、甘州及汴梁等古城而建，占地约 15 万平方米，建筑面积 1.5 万平方米。城楼高约 8.5 米，东、西、南三面开有城门。城内有高昌街、敦煌街、甘州街、兴庆街和汴梁街五条街道，街市繁华，酒肆林立，佛寺、货栈、当铺等点缀其间，生动展示了作为西北经济和政治文化重镇的敦煌在古丝绸之路上的勃勃生机。

这里曾先后接拍过《成吉思汗》《大敦煌》《神探狄仁杰》等影片和电视剧，为一些综艺类节目如《奔跑吧，兄弟》等提供拍摄场地。在这里可以体验骑马、射箭、古装摄影、篝火晚会等活动，感受穿越回大唐的奇妙体验。

8. 悬泉置遗址

$ 门票：现场咨询

🕐 开放时间：8：00—18：00

📍 到达：自驾 / 租车

悬泉置遗址位于瓜敦公路甜水井南侧 1.5 公里处的戈壁上，东距瓜州城 56 公里，西去敦煌市区 64 公里，南依三危山余脉火焰山。这是汉朝在敦煌郡效谷县悬泉乡所设置的一处驿站的遗址，全称"敦煌效谷悬泉置"。悬泉置是丝绸之路上连通中原与西域交通的众多驿站中的一个，主要负责安西与敦煌间公文、书信的中转传递及往来使节、官员、宾客的接待迎送。悬泉置初建于汉武帝元鼎时期，至东汉中后期废置，沿用二百余年；魏晋时期，又曾重建使用过。因此，悬泉置实际使用的时间很长，延续近四百年。

悬泉置遗存规模较大，结构完整，由坞院、马厩、灰区等不同部分组成。中心区是一座土坯垒砌的方形坞堡，中有二十余间房舍遗址，为办公用房及传舍；坞外西南有马厩遗址数间；坞外西、北为灰区。

悬泉置遗址出土的文物种类丰富，内涵广泛，保存完好，数量达数万件，包括简帛与纸质文书、丝麻织物、金属竹木陶漆器

发掘之初的敦煌悬泉置遗址

物、农作物、动物皮毛骨骼等类别。其中，数量众多的简牍与帛纸文献格外引人注目。悬泉置出土竹木简牍 2.5 万余枚，以及书写于绢帛、纸张和墙壁上的各类文书。时代最早的是西汉武帝元鼎六年（前 111 年），最晚的是东汉和帝元兴元年（105 年）。有邮书、信件、符、传过所、名籍、文簿、诏书、法书、爰书等各类官府文书与私人信件。其中坞内一座房舍墙壁上有墨笔题写的诏书，是以前所未曾发现过的文献形态。

由出土简文可知，悬泉置的地理位置重要，规模较大，内部设置多个机构，置啬夫是其主管官吏，其下有置丞、厩啬夫、厩佐、厨啬夫、仓啬夫及驿徒、卒等，人员总数在 40 人左右。还有传马 40 匹、传车 6~15 乘。

在敦煌东西 300 公里的交通沿线上，还分布着渊泉置、广至置、效谷置、鱼离置、遮要置、龙勒置等驿站。

悬泉置于 1987 年文物普查时首次发现，1990—1992 年间，甘肃省文物考古研究所对此进行了全面发掘，取得重要收获；2001 年，成为第五批全国重点文物保护单位；2014 年 6 月，悬泉置遗址作为中国、哈萨克斯坦和吉尔吉斯斯坦三国联合申遗的"丝绸之路：长安—天山廊道的路网"中的一处遗址点，被联合国教科文组织列入世界遗产名录。自 2019 年 10 月起，悬泉置遗址保护利用项目正有序推进，预计建成包括游客接待中心、丝绸之路文化展示中心、自驾游营地等游览设施及旅游基地，真正"复活"悬泉置遗址这一世界遗产。

9. 马圈湾遗址

$ 门票：现场售票

🕐 开放时间：全天

📍 到达：自驾 / 租车

马圈湾遗址位于敦煌西北约95公里处，东距小方盘城11公里，是汉代军事屯戍的遗址。马圈湾在西汉宣帝时期最为兴盛，戍守人员众多，往来频繁，建筑规模也较大。西汉后期，规模缩小。王莽执政后期废置。马圈湾遗址平面呈长方形，总面积达8.35万平方米，现仅存东、西、北三面残墙和西南角墩，墙为夯土构筑，基宽7米，残高5米，城墙大部分被黄沙壅塞，城址保存较好。共出土实物337件，种类较多，多为士卒长期使用的弃置物，如琥珀印章、五铢钱、漆器、狩猎工具、竹编、织物、麻布、草鞋等。出土简牍1217枚，绝大多数为木简，从形制看，有简、牍、符、觚、封检、削衣、签等。内容涉及屯戍制度、律令、名籍、兵器、奉廪、钱粮、赋税、财产、买卖等，生动反映了西汉屯戍生活的情景。

10. 寿昌城遗址

$ 门票：现场售票

🕐 开放时间：全天

📍 到达：自驾 / 租车

寿昌城遗址位于敦煌市西南70公里，是汉代龙勒县、唐寿昌县的故城遗址。这里西距阳关遗址约3公里，城南5公里许就是出产天马的渥洼池。

寿昌城遗址平面呈矩尺形，今存东、西、北三面断续残垣和西南角墩，南垣仅余墙基。古城城址保存较好，轮廓清晰。城内曾出土过汉代陶片、钱币及唐代围棋子等古物。今为甘肃省重点文物保护单位。

11. 沙州故城遗址

$ 门票：无

🕐 开放时间：全天

📍 到达：步行 / 租车

沙州故城遗址亦即敦煌郡故城遗址，也称沙州城遗址，位于敦煌城西党河西岸的七里镇白马塔村内，距城区两公里。自敦煌有建置以来，从西汉起，这里一直都是敦煌郡治所在，也是后来的唐五代沙州的治所，是历史上敦煌的政治、经济、文化中心所在。人们所说的丝绸之路上的名城重镇、咽喉孔道，就行政意义与具体地理位置而言，所指都是此故城，而非今天敦煌的市区。西凉李暠、西汉金山国的张承奉都曾以此为都城。清雍正三年（1725年）夏，党河决堤，洪水冲毁城垣，由于损毁严重，当地民众在党河东岸重新选址修筑县城，此城从此废弃荒芜，逐渐成为耕种之地。今遗址呈长方形，仍有断续残垣留存，西北角城墩尚存，高出城墙一倍。该古城遗址已被列为甘肃省级文物保护单位。

沙州故城遗址

12. 白马塔

💲 门票：无

🕐 开放时间：全天

📍 到达：步行 / 租车

白马塔位于沙州故城遗址南部，始建年代不详，民国《重修敦煌县志》已称为"旧城塔"。塔身以土坯垒筑，九层，通高 12 米，直径约 7 米。基座为条砖包砌的八角形，覆钵形塔身。民间相传龟兹高僧鸠摩罗什随吕光东来，坐骑白马死，便瘗之于此，建塔志之。当是附会。又云始建于后秦时期。今塔经过多次重修，清道光二十四年（1844 年）、民国二十三年（1934 年）都曾加以重修。今为省级文物保护单位。

鸠摩罗什与白马塔的传说　鸠摩罗什是中国佛教史上非常有名的人物。他不仅是高僧，是著名的佛经翻译家，还是有着许多神奇传说的人。他长于西域龟兹，天资聪颖，自小出家，去各地学习佛教经论，在西域享有非常高的声望。前秦时符坚派遣大将吕光攻打西域，灭了焉耆、龟兹，将鸠摩罗什带回，途经敦煌，到凉州（今武威市）时，前秦败亡，吕光就在凉州自立为王，建立了后凉，鸠摩罗什便在凉州滞留了十六七年。吕氏失败，鸠摩罗什被后秦姚兴迎入长安，受到礼遇，在长安主持译经事业十多年，译出了佛教经论 35 部，计有 294 卷

白马塔

之多。这是我国佛教史上最早的大规模译经活动，具有划时代的意义。他所译佛经，数量多、范围广、内容信实、文字流畅，其中许多都是难以取代的。相传鸠摩罗什随吕光由龟兹一路东来，旅途劳顿，行至敦煌，他所乘白马病死于此，当地百姓十分崇拜这位高僧，便自发在瘗马之处建造了这座塔，并命名为白马塔，以资纪念。

13. 敦煌汛卡

汛卡是清代对关隘要塞的称呼。敦煌汛卡是清代敦煌一系列边塞要隘遗迹的总称，今存遗址十多处，分布于莫高镇、阳关镇、七里镇以及北山境内，包含空心墩烽火台、疙瘩井墩、呵呵沙石墩、旱峡沟墩、沙枣墩、山阙峰烽燧、山水沟大墩、甜水井墩、土窑墩、新店子墩等。这些遗址往往用土坯砌筑或黄土夯筑而成，总体保存情况不佳，其中空心墩烽火台保存较好，烽火台通高10.8米，面积91.86平方米。其东侧有坞院，存房屋6间，南侧残存积薪5座。这些汛卡对考察研究清代敦煌的军事防御体系、墩台布局、交通驿站等情况有参考价值。2017年敦煌汛卡被列为甘肃省级文物保护单位。

旱峡沟墩烽燧遗址　赵勤摄

三、博物馆、演出与夜市

　　看过了敦煌周边的自然和人文景点，别忘了敦煌市内还有许多好玩好逛的去处。要深入了解一个地方、一座城市的历史与现在，博物馆当然是不二之选。敦煌的博物馆不唯数量多，主题也丰富多样，而且藏品众多，富有特色。

1. 敦煌市博物馆

⑤ 门票：无

🕐 开放时间：

夏季（5月—9月），9：00—17：30

冬季（10月—4月），9：00—17：00

每周一为闭馆日

📍到达：乘坐 3 路车到博物馆站下车即可；市内可步行到达

敦煌市博物馆为国家三级博物馆，位于敦煌市鸣山北路

1390 号。馆藏各类文物 1.3 万多件，藏品内容丰富，充分反映了敦煌地区人类活动及其历史文化的内容与特点。

敦煌市博物馆以"华戎交汇的都市"为主题的基本陈列展，按时代先后分为 5 个展厅，分别是"两汉敦煌的大发展""魏晋南北朝敦煌的继续发展""隋唐时期敦煌的繁盛""吐蕃与五代及宋、元、明时期"以及"清代对敦煌的开发"。共展出 15 大类 1100 余件文物，有汉长城烽燧遗址出土的汉简、积薪火炬、武器、早期的纸张、十六国墓葬画像砖、北凉石塔，唐五代的写经、佛像、西夏至明清时代的丝绸、瓷器、书画等，真实再现了各个历史时期敦煌人民波澜壮阔的生产、生活画面及佛教传播的情况。其中的北凉石塔为此类石塔中的早期之作，雕刻精巧细腻，是中国现存古塔的最早例证，其上刻七佛与弥勒造像，还有八卦符号，表明佛教传入的早期既已开始了与中国传统文化的结合。

2. 敦煌民俗博物馆

⑤ 门票：现场售票

🕐 开放时间：全天

📍 到达：敦煌市内乘坐 3 路车达鸣沙山景区即至

敦煌民俗博物馆位于鸣沙山月牙泉景区内。该馆以展现敦煌古代民俗文化、传统信仰、岁时节令、生产生活等内容为主题，采用传统木构古堡式建筑样式，风格古朴典雅，如实还原出敦煌民俗文化和社会生活的本来样貌。

民俗博物馆

民俗博物馆现有 4000 余平方米建筑，屋舍 126 间，展品分 20 多个大类，集中展现敦煌民俗的突出特点，具有很强的知识性和趣味性。

3. 敦煌国际会展中心

$ 门票：现场咨询

🕐 开放时间：全天

📍 到达：自驾 / 出租车

敦煌国际会展中心是敦煌国际文化博览会的永久场馆，位于敦煌市文博东路，距离鸣沙山约 4 公里，占地 4 万平方米，为标准的汉唐建筑样式，由 3 个大的展馆组成。会展中心外观恢宏大

敦煌国际会展中心

气，视野开阔，是敦煌市的标志性建筑。

敦煌国际文博会是目前国内唯一以"一带一路"国际文化交流为主题的综合性博览会，每年举办一次，云集了世界众多国家的首脑和游客，使敦煌再次成为世界目光凝聚的中心。迄今为止，文博会已举办了论坛、展览200多场次，成为世界认识敦煌、敦煌走向世界的重要平台。自2022年7月起，敦煌国际会展中心对所有游客开放。敦煌市民可全年免费参观游览。

4.敦煌历史博览园

敦煌历史博览园位于敦月公路鸣山路口北侧，是一处由敦煌历史人物蜡像展厅、丝路民族艺术厅、敦煌古玩收藏厅、摄影厅及敦煌（西域）性文化厅五部分组成的大型人文文化展厅。通过历史人物的介绍，再现敦煌历史风云岁月。结合皮影、剪纸、烙画、砖雕等民间工艺美术作品，展示丝路民间文化。收藏厅以民间瓷器、出土陶器、玉器及长城出土古箭头等，展示敦煌历史的博大深厚。

附：其他专题性博物馆名录

除以上规模较大的博物馆外，还有一些专题性博物馆，列名如下：

敦煌自然博物馆：敦煌市鸣山北路 1331 号

敦煌灵艺夜光杯博物馆：敦煌市环幕影院附近

敦煌美术院：敦煌市杨家桥乡正西方向

地矿博物馆：敦煌市三危路北

敦煌文化雕塑博览园：敦煌市鸣沙山月牙泉景区

莫高农耕博物馆：敦煌市内

5. 敦煌夜市

💲 门票：无

🕐 开放时间：全天

📍 到达：步行可达

敦煌夜市位于敦煌市阳关东路，是一处集工艺品创作、展示、出售和特色饮食于一体的综合商业街。从经营内容类别上划分为风味小吃、工艺品、茶座及农副土特产品等数个区域。到这里来，除能品尝到敦煌美食之外，还可欣赏、购买到极富敦煌特色的旅游工艺纪念品。莫高窟这座世界艺术宝库为当地工艺品的设计制作提供了取之不尽、用之不竭的创作源泉和灵感，敦煌的旅游工艺品不仅极富特色，而且艺术水平也很高。这里随处可见的，有仿汉唐古风的菩萨、飞天、金刚、美人等工艺制品，朴拙厚重而显岁月沧桑；也有借鉴创新之作，如以藻井、飞天、舞伎、莲花等各式图案为基调而制作的丝巾、手包、披肩、茶具、摆件以及富有敦煌特色的骆驼玩偶、艺术书籍、戈壁奇石等，可谓流光溢彩，琳琅满目。

敦煌夜市　邵云帆摄

夜晚来临，华灯初上，丝弦声声，熙来攘往的人群汇聚、流动，整个夜市笼罩在璀璨的灯光和悦耳的旋律中。不同肤色、语言的人们沉浸其中，花团锦簇，使整条街道流淌成一条欢乐的河流，人们恍如回到大唐盛世。

6. 丝路乐舞——敦煌三大演出

|《丝路花雨》舞剧|

📍 演出地点：敦煌市文博东路 2713 号敦煌大剧院

🕐 演出时间：每年 3 月 15—12 月 15 日晚：20：30—21：30

💲 票价：300—600 元（仅供参考，具体价格请咨询购票处）

敦煌大剧院常年展演的特色剧目《丝路花雨》，以古丝绸之路为背景，讲述两位淳朴善良的中国父女救助胡商以及后来发生的一系列悲欢故事，谱写了一曲古代丝路文化交流、各族人民生死相依的人间赞歌。以反弹琵琶为标志性舞姿的演出，通过优美的舞蹈、动人的故事，将波澜壮阔的历史场景、美妙绝伦的佛国世界与绚丽精美的洞窟壁画立体式呈现出来，生动再现了唐代敦煌的繁华以及营建莫高窟的具体场景。

《丝路花雨》自 1979 年首场演出开始，至 2019 年的 40 年里，在国内外连续演出 3000 多场，观众达到数百万人次，创造了中国舞剧演出史上一个剧目演出场次最多的纪录，在国内外享有盛誉，被誉为"东方《天鹅湖》""舞台上的敦煌壁画"，是"中国民族舞剧的典范"。《丝路花雨》的成功，鼓舞了众多艺术家，此

《丝路花雨》剧照　高星伟摄

后，人们尝试从不同角度、用不同形式展现敦煌艺术的魅力，陆续制作完成了《又见敦煌》《敦煌盛典》《大梦敦煌》《相约千年》等一系列新的乐舞剧。著名音乐家谭盾根据敦煌古乐谱创作的乐曲《敦煌遗音》以及交响乐《敦煌·慈悲颂》也在国内外获得极大成功。

如今，来敦煌观看乐舞，也成为敦煌旅游中不可或缺的一项内容。

|《敦煌盛典》舞剧|

📍 演出地点：敦煌市敦月路敦煌山庄内

🕐 演出时间：自 2019 年 8 月 6 日起，每晚三个场次，分别为 21：00—22：15；22：20—23：35；23：30—00：45

💲 票价：300—600 元（仅供参考，具体价格请咨询购票处）

《敦煌盛典》是全球首部沙漠实景演出剧目。演出地点设在敦煌市敦月路敦煌山庄院内。夕照下的鸣沙山、月牙泉，以及周围的山脉、胡杨林、古建筑群，都成为演出的背景。舞剧同时还以 360 度旋转并可前后移动的观众席、绚丽的灯光特效、高水准的舞美设计等特点闻名，它不仅将唐代流行的《柘枝舞》《胡旋舞》重新搬上舞台，并将敦煌的"打铁花"表演带入现场，场面恢宏壮观、流光溢彩，生动展现了丝路明珠敦煌的绚烂文明。

|《又见敦煌》舞剧|

⊙ 演出地点：敦煌市莫高窟数字展示中心西侧

⊙ 演出时间：4月1日—11月30日，9：00—23：00

12月1日—次年3月31日，景区时间有所调整

⑤ 票价：400—700元（仅供参考，具体价格请咨询购票处）

《又见敦煌》是一部由王潮歌主创的大型室内情境体验剧，融敦煌、丝路、交流、信仰等文化元素于一体，通过对重要历史情境与生活场景的再现，让观者切身感受敦煌古代生活的实景、千年丝路文明交流的景象。该剧以史诗的笔法再现了"人类的敦煌"这一主题，传承了丝路文化。剧场形状似水滴，下沉式结构，多维度表演空间，观众边行走边观看，有身临其境的感受。该剧于2016年在首届丝绸之路敦煌国际文化博览会上首次公演，受到热烈欢迎，之后便作为敦煌国际文化旅游的又一代表性剧目，在敦煌市莫高窟数字展示中心西侧的剧场中常年演出。

四、边塞长城与汉唐文明

西汉在取得河西之地、设立四郡的同时，为保障这片新开辟疆土的安全，汉王朝一面大量迁徙内地人口进行屯垦，一面在这里设立一整套的军事防御体系，以抵御匈奴的进攻。

汉长城的修筑

首要的措施是修筑长城。河西走廊的地势南北高、中间低，是名副其实的通道地形。西汉在设立四郡、移民屯垦后，首先要提防的就是北边蒙古高原的匈奴南下侵扰。所以，元狩二年（前121年）之后，汉王朝将长城从令居（今甘肃永登县西北）一路向西延伸，先后修筑了令居至酒泉、酒泉至玉门、敦煌至盐泽的长城。

长城的图像也出现在莫高窟壁画中。初唐第321窟所绘宝雨经变画在表现《佛说宝雨经》卷七"菩萨成就十种为大商主"之"越于险难得至大城"的情景时，描绘了商队经过荒漠流沙途中越过长城的画面。画中的长城蜿蜒于山水之间，城内有旅店屋舍，城外有山峦、河流，沿长城有雄关一座，关外河上有桥。这是敦煌壁画中比较少见的题材。

| 烽燧亭障：长城的防卫与预警系统 |

与长城的修筑相配套，在沿线设置烽、燧、亭、障等防卫预警系统。修筑长城时，每五公里左右会筑一座烽火台，形似堡垒，称为亭或燧，下有屋舍，可以驻扎数十名至一二百名戍卒，由候长或燧长负责管理；隔若干个燧，又筑有一个较大的城堡，称为障，由候官负责，统领数个燧；再隔若干个障，筑更大的城堡，这类城堡，就是通常的郡城或县城，由都尉统领。《汉书·西域传》记载："自敦煌西至盐泽，往往起亭。"所以，亭障二字连称，指的就是长城的防御工事。

烽燧也称烽火，指的是亭障之上的报警信号设施。戍守亭障的士兵负责守候、观察敌情，称为"斥候"。一旦发现敌情，要迅速燃起"烽燧"发出警报，其他亭障的士兵看到警报，也采取相应措施，很快把入侵之敌的情况传递出去。亭障之上储有薪草，又立有桔槔，桔槔头上有兜笼，薪草放在兜笼中，平时低置，发现敌情，立即点燃薪草，并把桔槔拉起来，这样柴薪就被举得更高，烽燧信号也就传得更远。报警的方式，白天放烟，称为烽；夜晚举火，称为燧。白天燃火放烟，浓烟上升，易于远处看到；夜晚用火光报警，传讯更有效果。所用柴薪取自当地常见的一些植物，如胡杨、红柳、罗布麻、芨芨草、白茨、骆驼草等。

　　《塞上烽火品约》简，1974 年出土于居延破城子的汉代甲渠
烽塞遗址，为古代烽火台发现敌情示警的行动条例约定，由居延
都尉府为其所属的甲渠、卅井、殄北三烽塞所制定。其中部分内
容如："匈奴入塞，天大风、风及降雨，不具烽火者，亟传檄告，
人走马驰，以急疾为故。""塞上亭燧见匈奴人在塞外，各举部烽
如品，毋燔薪。其误，亟下烽灭火；候尉吏以檄驰言府。""匈奴

汉代烽燧遗址中用于示警的积薪

马圈湾遗址保存的汉代苣

甲渠候官衙遗址航拍图

人昼入卅井降虏，隧以东，举一烽，燔一积薪；夜入，燔一积薪，举坞上一苣火，毋绝至明。甲渠、殄北塞上和如品。"这些内容的发现，为我们了解两千多年前西北边陲戍守边关、防卫入侵并

《塞上烽火品约》简

传递信息的状况提供了最客观直接的宝贵资料。

这样的防御措施在当时得到了很好的效果，匈奴南下侵犯，一旦被亭障中守候瞭望的士兵发现，及时把消息传递出去，可以及早调集力量加以阻击，匈奴的侵扰劫掠因此困难许多，少有收获，也就不再轻易来犯。

| 西北边塞的邮驿系统 |

与长城的修筑和烽燧亭障的设置相配合，汉王朝还在河西走廊建立了一套邮驿系统，传递信息，为军事、边防与政治服务。邮是总称，依据传递信息的方式，又有驿、传、置等不同称呼。"驿"是指乘马传递信息的方式；"置"也同样指马递，但置更多设立在距离较远的位置，同时也是邮驿系统中级别最高的机构；"传"指乘车传递文书。

汉代敦煌郡的邮驿系统中，共设有9个置、12个驿和数十个亭。不过，其中一些亭并非纯粹用于邮驿，而更突出治安警戒的功能。

今敦煌市与瓜州之间的龙勒山下的悬泉置遗址，是迄今以来我国发现的时代最早的驿置遗址，是汉代在河西交通线上建立的一处集传递邮件、中转政令、接待宾客为一体的综合机构。它的发现意义重大，不仅确证了丝绸之路的存在，并展现了丝路沿线邮置的具体运行过程，这对认识汉代以来的中外文化交流、交通运输、邮政历史都有非常重大的意义。

驿站遥相连，护送公主归长安　西汉张骞出使西域，开辟了与西域各国的往来之后，为联合西域诸国共同抵御匈奴，汉朝与乌孙联姻。汉武帝先将宗室女细君封为公主，嫁给乌孙国王。细君去世后，武帝又派解忧公主接替细君继续和亲。解忧公主在乌孙生活了五十年，先后嫁给了三位乌孙王，历经艰险，巩固发展了汉与乌孙及西域诸国的友好关系。年近七旬之际，她上书请求回归故土，得到允许，于宣帝甘露三年（前51年）回到长安，两年后去世。

敦煌悬泉置遗址出的汉简中有数枚简涉及解忧公主，称其为"乌孙公主"。其中一枚简记载了甘露二年（前52年）平望、悬泉、万年等驿站传递乌孙公主写给汉朝的奏书的事；另有两枚简记载了汉朝官府安排各地驿站护送并接待乌孙公主及随从人员的事，都是甘露三年（前51年）十月辛亥日所写。前者是朝廷的御史大夫陈万年下达给渭城及其以西各地的一个文件，说明官员护送乌孙公主及随行人员回朝，要求长安以西各驿站按规定安排车马并予以接待；后者是渊泉驿丞贺写给敦煌郡沿途六个驿置的文书，表明公主一行将由阳关进入敦煌郡，因其通过，各驿站须按牒文领受若干穈麦等。这些简文，说明解忧公主于甘露三年返回长安时，所要经过的各地驿站事先都得到命令，并进行了相应的接待准备，安排传车、传马，领受储备粮食等。

正是沿着西域、河西走廊、陇右、关中这条由西向东的邮驿交通线路，一个驿站接一个驿站，在外和亲五十年的解忧公主终于在暮年回到长安，落叶归根。作为进入汉地的第一站，敦煌各驿置的接待，为她的回家之路增添了温暖和保障。

| 悬泉与贰师将军李广利的传说 |

悬泉又称贰师泉，是悬泉置的水源所在，位于悬泉置遗址东侧谷中三公里处，今俗称吊吊水。泉水从山腹涌出，悬空流下，故称悬泉，悬泉置便由此得名。之所以还称贰师泉，是与李广利

悬泉水遗址

的一个传说有关。李广利率军征伐大宛贰师城，获得汗血宝马，被封为贰师将军。有关他的故事在敦煌流传不少，贰师泉便是其中之一。魏晋时人所写《西凉异物志》记载说："汉贰师将军李广利西伐大宛，回至此山，兵士渴乏，广乃以掌拓山，仰天悲誓，以佩剑刺山，飞泉涌出，以济三军，人多皆足，人少不盈，侧出悬崖，故曰悬泉。"到晚唐五代，敦煌流传的《敦煌廿咏》中还有一首《贰师泉咏》，赞叹李广利的功绩：

> 贤哉李广利，为将讨匈奴。
> 路指三危迥，山连万里枯。
> 抽刀刺石壁，发矢落金乌。
> 志感飞泉涌，能令士马苏。

悬泉谷口

　　敦煌文献《沙州都督府图经》载："悬泉水，在州东一百卅里，出于石崖腹中，其泉傍出细流，一里许即绝。人马多至，水即多；人马少至，水出即少。"可见该泉的水量不是很大。虽然如此，但泉水一直未干涸，从而保证了悬泉置的供水。泉址东侧原有"贰师庙"，已不存，仅遗迹可辨。

　　敦煌的孟姜女故事　唐五代时期，西北长城一线依旧是不同文明与族群争夺冲突的前沿，尤其是安史之乱后，河西、敦煌一带战争不断，边戍、劳役、征战成为民众的极大负担，戍卒兵士客死他乡、魂魄不归的情况相当普遍。流传广泛的孟姜女传说在这种历史情况下也发生了很大变化，敦煌保存了十多件记载孟姜女故事的变文、歌辞，可看出这时的孟姜女故事，比以往更多地反映了唐代民间的种种信仰、习俗，如"送寒衣""滴血认骨""髑髅对话""招魂祭祀"等，不仅表达了对秦王暴政的谴责，也借此抒发了对所有边塞冤魂的同情。如 P.5039 号写卷所述："一一捻取自看之，咬

汉简《康居王使者册》

指取血从头试。若是儿夫血入骨，不是杞梁血相离。"
以及："更有数个髑髅，无人搬运，姜女悲啼，向前借问：
'如许髑髅，家居何郡？因取夫回，为君传信。君若有神，
儿当接引。'髑髅既蒙问事意，己得传言达故里。魂灵
答应杞梁妻：我等并是名家子。被秦差充筑城卒，辛苦
不禁俱役死。曝尸野外断知闻，春冬填卧黄沙里。为报
闺中哀怨人，努力招魂存祭祀。此言为记在心怀，见我
耶娘方便说。"

　　敦煌自古为边地，征戍、守边、修筑长城烽燧，乃
至与入侵外敌征战沙场，都是当地民众最熟悉不过的生
活，类似孟姜女的故事受到普遍欢迎，人们大量讲唱、
传抄这类故事，同情孟姜女之时，也在表达自己对征战、
戍边的反抗。

彩绘射猎图木箭箙

五、敦煌古今风俗

｜敦煌方言｜

　　现今的敦煌当地居民多是清代初年由甘肃各地迁徙而来，迁入后大多沿党河两岸居住，其方言也可依住地分为"河东话"与"河西话"两种。来自陇东、陇南之民主要居住于党河东岸，所说方言为陇东、陇南之音，渐渐统一，形成了具有"秦陇土语"特点的河东话；迁自河西走廊张掖、酒泉一带的人口主要居住于党河西岸，所说方言类似酒泉音。其不同主要表现在声调和前鼻尾韵上。比如小麦之"麦"，河东音读"měi"，河西音读"mò"；用"红丢丢"来形容"红彤彤"，也是河西语音用法，比如"早霞红丢丢，晌午雨浏浏；晚霞红丢丢，明天大日头。"这些方言经过几百年的融合，形成了一些有特点的词汇与语法现象，比如称雷声为"忽噜爷"，衣服口袋为"抽抽子"，昨天则有"昨个""昨日个""昨个天""夜个""夜里个"等多种表述；小男孩为"儿娃子"，小女孩是"女娃子"；说小动物时，也用"娃子"作词尾，比如"鱼娃子""雀娃子""狗娃子"等；形容细粉末为"细面面子"，小长条为"长条条子"，小薄片为"薄片片子"等。通常来说，年长者及市区周边民众讲方言的情况较多，年轻一代受普通话的影响，已渐渐不说方言。

｜岁时节仪｜

敦煌风俗，民国时期即讲究气派时髦，喜好宴会娱乐，注重节日礼仪。近数十年来，随着莫高窟的影响日隆，世界各地游客纷至沓来，使敦煌成为甘肃各地中最开放最时尚的城市之一，从事旅游业者人数众多，民风开放而新潮，注重传统节日礼仪的同时，也吸纳学习不少外来节俗。

与世界各地一样，敦煌的民间节日也往往与特定的饮食习惯和内容相联系。当地流行较广的饮食习俗是：大年三十"装仓面"，正月初一包饺子，正月初七（人日）"拉魂面"，正月十五"蒸老鼠"，正月二十摊煎饼，二月二吃猪头，惊蛰油炸鸡蛋拌炒面，五月端午烙锅盔，十月一蒸麻腐包子，冬至搓杏壳篓，腊月初八熬腊八粥，腊月二十三烙灶干粮。这些节日饮食习俗，尤其是比较特别的"装仓面""蒸老鼠""搓杏壳篓"等，是研究当地民间文化传统与文化人类学的宝贵材料。

节日风俗，当然是以春节最为隆重。临到其时，出外者须归家团圆，各家提前准备多种食品菜肴。除夕日要在门上贴春联、挂钱、写福字，祀神祭祖、行接神礼，还要在庭中燃一盆火，取

莫高窟第 146 窟西壁　风伯

红火兴旺的含义。晚辈子弟向长辈叩头，长辈则分发压岁钱。此外，为求来年衣食饱暖，还要吃肉食面食，谓之"装仓"。

正月初一，早起首先上香祭奠家神祖先，子弟给长辈叩头拜年，亲友之间相互拜年。正月十五之前，基本以亲友聚会、游乐为主。

一年一度的社火是每年正月里群体参与性很高的娱乐活动。旧时，社火往往由城乡社区、会社、寺庙等组织，内容有耍秧歌、耍狮子、耍龙灯、耍烛马、高抬（铁芯子）、高跷、太平鼓、太平车等节目表演，游走街巷，观者如堵。亦演唱秦腔戏曲及眉户戏。近年来，敦煌城乡的社火更加盛大，人员往往有数十到上百人，内容在传统基础上又有创新，锣鼓喧天、彩旗招展，将热闹喜庆、报恩祈福的氛围渲染得淋漓尽致。同时还根据敦煌壁画中的乐舞情景，编排了具有古代敦煌艺术风格的大型社火"敦煌乐舞"，极富特色。

旧时烟花焰火比较少见，敦煌有元宵夜打铁花欢庆的习俗，即在老树之下击打熔化铁水，使之四散溅开，铁水飞溅撞在树上再腾空散开，火树银花，颇为壮观炫目。

传统节日还有清明、端午、中秋、十月一、冬至等，风俗与北方各地相差无几。

值得一提的是敦煌端阳节的习俗。除门首插杨柳、艾草、沙枣花，食粽子、油饼、米糕，饮雄黄酒，小儿手腕系五彩丝线以外，敦煌民众还于端阳节当日登鸣沙山，游月牙泉。据说这天登

耍社火　唐华摄

沙山游月泉可以消灾祛病。另外，旧俗认为这天也是当地的女儿节，新出嫁女子要归母家过节。

当地旧时还有一个习俗，即于四月十五日祭蝗虫。每年这一天，人们先到城东门外的八蜡（读 zhà）庙中向虫王祈祷，要献牲、演戏，然后拿上各坊神庙中以五色纸做成的三角形小旗，洒上羊血，遍插于田地之中，同时还将浇了牲血的小米干饭也抛洒到田野之中，认为这样做可除去一年的虫害。这个祭祀现在已经没有了。传统农业时代，蝗虫是农作物的最大敌害之一，先民无法用人力将蝗虫消灭干净，便希望借助神灵的力量，以祭祀的方式求神祇帮助以除去虫害。八蜡庙原本是合祭农业相关神祇的神庙，后来便演变为专门祭祀蝗虫的神庙。敦煌旧时的四月十五日便是专门祭祀蝗虫的祭虫日。

祭河神与张孝嵩斩龙的传说　敦煌的母亲河党河，古称都河，是敦煌绿洲赖以存在的生命之源。党河水源于祁连山融化的雪水，平时波澜不惊，若逢夏日暴雨，山洪暴发，洪水咆哮而下，则气势骇人。古时认为党河的河神是一位妙龄女子，称其为"都河玉女娘子"。不过，这位河神名字虽是温柔，但脾气大，性格阴晴不定，高兴时能使当地风调雨顺、五谷丰登，发怒时就会令洪水泛滥、冲田毁坝。所以人们都会按时节祭祀河神，并放马入山，作为河神的牺牲。

与河神相关，唐代还流行张孝嵩斩龙的传说。据文献记载，敦煌城西40余公里处有玉女泉，其中的玉女神非常灵异，她要求当地人每年岁首以童男童女祭祀，从之则风调雨顺，若不从则降下灾殃，给百姓带来极大痛苦。唐中宗神龙年间，张孝嵩出任沙州刺史，决心为百姓除害。他佯装祭神，备下丰盛的祭品，当玉女神化为龙形出现时，张孝嵩先是一箭射中龙的咽喉，又用长剑斩下龙头。张孝嵩将斩下的龙头献给皇帝，受到嘉奖。为表彰他的功绩，皇帝将龙舌赏赐给他，并敕封为"龙舌张氏"。他的子孙后代在敦煌繁衍生息，成为敦煌张氏中的重要一支。

宗教节日

比较重要的节日还包括一些宗教节日，其中以农历四月初八的佛诞节为盛。佛诞节也称浴佛节。其时敦煌民众纷纷携家带口，前往莫高窟、三危山观音井、雷音寺等传统

1950 年敦煌莫高窟庙会　常书鸿绘

佛教圣地，烧香拜佛，祈福纳吉，俗称浴佛大会。旧时此会从四月初二、初三即开始，直至四月初八达到高潮，男女信徒进香礼拜，贡献鲜花果品，游览参观洞窟，礼拜佛像佛画，祈求护佑。这一天是佛的诞生日，也是敦煌民众的盛大出行节日，家家户户隆重准备，套上牛车，或骑驴骑马，带上粽糕油饼等食物，有些还备上炊具粮食、毛毡坐垫，现场杀羊煮肉，生火做饭，一家人坐在毡上野餐，好不快活！生意人也抓住这难得的好机会，早早去窟前占据场地、搭建摊案，摆出各种商品售卖，从献佛的香烛供品，到吃食玩具、日常用品，琳琅满目。一时间，原本静寂的莫高窟变得热闹非凡，人声鼎沸，香烟缭绕，尘土四起。城里的大佛寺也要唱戏三天。

敦煌旧时有赎僧之俗。有些人家因为小儿体弱多病，往往会许诺让小儿去寺中挂名为僧数年，其间多加布施馈赠，将鸡、羊、牛犊之类送至寺中，称为赎僧。另外，若有前一年曾经向佛祈求保佑、许过愿的，这一年定要前来还愿。

时至今日，为方便敦煌民众于佛诞日进香拜佛，敦煌研究院在这天为当地民众提供优惠，开放第96窟（大佛窟）、138窟（娘娘殿）、148窟（卧佛窟）等优惠参观。但像过去那样大烧香烛、烟火缭绕的景象不复再见。

敦煌文献中，保留了一件公元951年有关佛诞日僧界举办大会的通知。当时正值曹氏归义军时期，负责佛教事务的僧官都僧统，于农历四月初四向敦煌的各个寺院发布了一个通知，安排本年四月初八大会的内容与要求。通知说，四月初八大会组织僧尼诵念佛经三日。举办大会的目的，一报佛恩，二为国家与君王祈福，三为百姓祈求风调雨顺、国泰民安。各寺僧尼除有病者外均要参加。要求大家于四月初五清晨在报恩寺集合，不得迟到；要衣着整齐，仪容清净；诵经时要专心；对违规者要重加处罚。通知还要求相关人员提前打扫寺院殿宇，准备好供佛的香花及毡褥坐垫，等等。由此可知一千年前敦煌佛教界过佛诞节的情况。

| 敦煌农谚 |

作为传统的绿洲农耕地区，敦煌也流行很多农谚，比如"沙枣花儿喷鼻子，家家户户种糜子""桃三杏四梨五年，当年枣儿

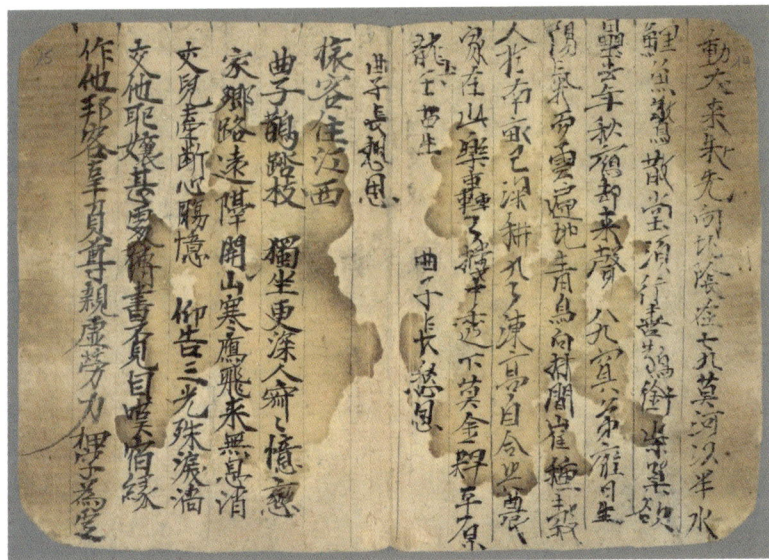

P.4017《咏九九诗一首》局部

319

红点点，要吃沙果子十五年"，内容大都与北方地区相似。敦煌文献中保存了数首一千多年前的"咏九九诗"，是目前所知时间最早的文人所写的节气诗。如：

一九冰头万叶枯，北天鸿雁过南湖。霜结草头敷碎玉，露凝条上撒珍珠。

二九严凌切骨寒，探人乡外觉衣单。群鸟夜投高树宿，鲤鱼深向水中钻。……

｜敦煌古婚礼仪俗｜

婚嫁是人生大事，与民众关系至为紧密。敦煌文献中保存下来的相关记载十分丰富，通过这些记载，我们可以充分认识了解唐代敦煌婚礼的情况。

古代婚礼一般有纳采、问名、纳吉、纳征、请期和亲迎六个程序。到唐代，虽然不再严格依照这些名目进行，但实质步骤也都是在古礼基础上结合地方民俗加减而成。其中，婚礼前送纳通婚书及彩礼是比较重要的步骤。通婚书用上等好纸以楷书写成，盛放在梓木、黄杨木等制成的木匣中，题封好，加上彩帛猪羊等礼品，由男方家派遣两名有官职有才貌的人送去，女方家也有相应的受函仪。这个节仪，就相当于将古礼的纳采、纳征两项合而为一了。

亲迎是婚礼的最重要部分。之前要做好一些相应的准备，如

莫高窟第 12 窟婚宴图

布置婚礼现场、搭建拜堂所用帷帐，以及宴请宾客等。亲迎也就是现在的迎亲，于黄昏出发迎娶，晚间举行婚礼。这个过程包含许多繁缛琐细的礼仪，如祭祖告庙、辞别父母、催妆、设帐、撒帐、新郎新娘行礼、奠雁、合卺、卸妆、除花、去扇、下帘、合发等，往往蕴含着祈愿夫妇幸福美满、子孙绵延、家族兴旺的寓意。

其主要内容如下：新郎骑马，带着婚车及亲朋鼓乐，在傧相陪同下前往女方家迎娶；到达女方家门口，主翁与新婿之间要经过"三揖三让"的礼拜程序，然后入内；在一片欢乐的乐舞声中，新郎一方以诗歌形式催促新娘抓紧梳妆赶快上轿，以赶吉时成礼。迎至男方家，新郎新娘盛装在傧相引导下行礼拜堂、奠雁，然后共入青庐；之后又有合卺、卸妆、除花、去扇、下帘、合发等仪式。藏经洞保留的《下女夫词》以诗歌形式记载了唐五代敦煌的婚礼习俗及过程，比如亲迎队伍到达女方家门口被拦时双方相互问答戏谑之词，夸饰男方门第、才貌，赞美女家之词等；还有写夫妇行礼的过程及诗咏，有"去扇诗""咏同牢盘""去帽惑诗""合发诗""咏下帘诗"等，语含双关，诙谐幽默，是非常珍贵的唐代婚俗资料。

去扇诗　青春今夜正方新，鸿叶开时一朵花。分明宝树从人看，何劳玉扇更来遮。

咏同牢盘　一双同牢盘，将来上二官。为言侍娘道，绕帐三巡看。（P.3893）

莫高窟第 148 窟南壁　婚礼图

敦煌唐五代婚俗中，还盛行一种障车的风俗。是说新郎迎娶新娘时，新娘婚车将要起程，女方亲朋好友拥门塞巷，以祝福为名，阻障车辆，索要酒食钱财。敦煌文献中保留有不少"障车文"，就是这种风俗的表现。

此外，受北方少数民族婚俗的影响，唐五代时期敦煌还流行一种比较特殊的婚俗，即男到女家，男子到女方家成婚并生活在女方家，有时一直到生育数个儿女方才自立。敦煌保存十几件《下女夫词》的抄本，记载了敦煌民间婚俗的各种内容，其中所行婚礼过程都在女家；也有一些《书仪》类文献中有"女家铺设仪帐"的内容，说明这种在女家成婚的习俗并不少见。

别有温情的放妻书　婚姻有缔结也有离散，古今一样。不过，由于古代女子地位低下，通常被认为是男子或家庭的附属品，所以男女双方并不能平等地离异，女子只能被"休"或被"出"，就连离婚书，也要称"放妻书"。不过，从敦煌保存的数种"放妻书"文本来看，唐五代时期敦煌民众中离婚的情况不少，多是因双方感情或性格不合的协议离婚，"放妻书"内容中都强调"结缘不合"或"猫鼠同窠"等因素，导致夫妇关系难以维系，因而会请亲人共同见证，双方协议离婚，并互相祝愿今后生活幸福。其中一件是这样写的：

某专甲谨立放妻手书　盖说夫妇之缘，恩深义重。论谈共被之因，结誓幽远。凡为夫妻之因，前世三生结缘，始配今生夫妇。若结缘不合，比是冤家，故来相对。妻则一言十口，夫则反目生嫌，似猫鼠相憎，如狼犬一处。既以二心不同，难归一意，快会及诸亲，各还本道。愿妻娘子相离之后，重梳蝉鬓，美扫蛾眉，巧逞窈窕之姿，选聘高官之主。弄影庭前，美效琴瑟。解怨释结，更莫相憎。一别两宽，各生欢喜。于时年月日谨立手书。

古时的岁末驱傩

唐宋时期敦煌于岁末举行驱疫逐祟活动，州县官府及各坊巷、寺观等都会组织不同的驱傩队伍，领队方相头戴面具，手执武器，扮成太常、钟馗、五道将军、安城大袄等形象，率领着由十几岁少年儿郎扮成神将神兵的"傩子"们，手执戈楯火把、鼓鼗乐器，敲锣打鼓，唱着《儿郎伟》歌谣，挨着到府巷门室中呼叫鼓噪，象征性地将疫鬼祟病驱逐出来，赶到四门之外，交由五道将军等镇压处置，以祈来年平安健康，同时也祝福国泰民安、风调雨顺。

敦煌文献中保存了数十件唐至五代的驱傩歌词，非常有特色，节录二首如下：

> 适从远来至官宅，正见鬼子笑吓吓。偎墙下，傍篱栅。头朋僧，眼隔搦。骑野狐，绕巷陌。捉却他，项底搭。塞却口，面上搁。磨里磨，碓里侧。镬汤烂，煎豆踖，放火烧，以枪攦。刀子割，脔脔擗。因今驱傩除魍魉，纳庆先祥无灾厄。（P.2569V 之七）

> 正月阳春佳节，万物咸宜。春龙欲腾波海，异瑞乞敬今时。大王福如山岳，门兴一宅光辉。今夜新受节仪，九天龙凤俱飞。五道将军亲至，步领十万熊罴。衣领铜头铁额，浑身总着豹皮。教使朱砂染赤，咸称我是钟馗。捉取浮游浪鬼，积郡扫出三危。学郎不才之器，敢请恭奉 [□□]。（P.2055V）

| 七七斋与追荐冥福 |

七七斋，亦称七期追福、七周斋，是唐代以来敦煌及中原各地流行的佛教荐亡仪式。指为去世者每七天举办一次斋祭，共举办七次追福荐亡活动。佛教主张六道轮回、因果报应，认为人死之后，在进入下一个生命阶段之前，中间有一个为期49天的"中阴期"，在这期间，亲人家属如能举办斋会，为亡者写经、诵经、斋僧、施舍，可帮助亡灵积累功德，消除生前罪恶，免受地狱之苦，得以早日转生善处。七七斋流行起来之后，人们又将之与中国传统丧俗中的百日祭、周年祭（小祥）、三周年祭（大祥）结合起来，

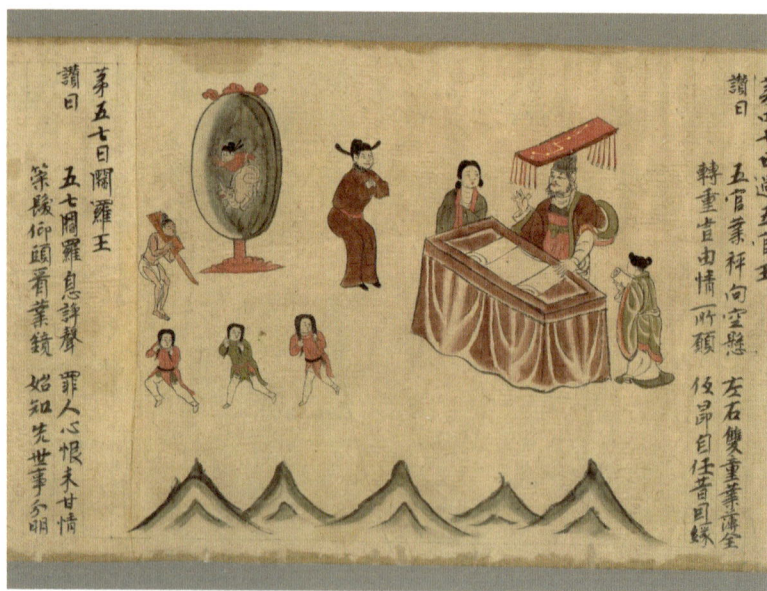

P.2003《佛说十王经》局部

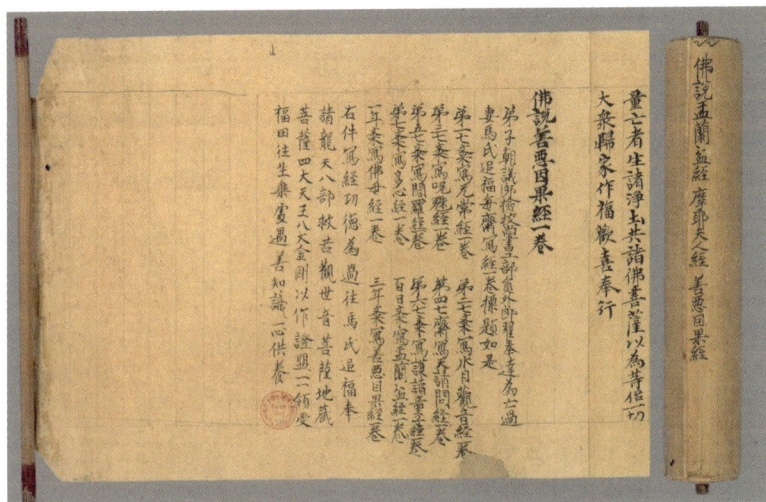

P.2055 翟奉达为亡妻做"十王斋"所写经目题记

在"七七斋"基础上增加了百日斋、周年斋、三年斋,发展为十斋,每一斋又与地狱十王相配合,故称十王斋。可以说,十王斋是由佛教斋祭与中国传统丧祭礼仪结合而成的一种新的斋祭形式。这种风俗自唐以后广泛流传,直到今天仍在民间有广泛影响。人们熟悉的《西游记》中的一些情节,如第三回中孙悟空打入阴曹地府,强行勾销生死簿的情节,其中提到"十代冥王";第六回唐太宗游地府时,也提到"十代阎王""十代阎君",这十王的名称,最早就出自藏经洞文献的记载。

六、探秘敦煌学

随着敦煌在世界上的影响日益扩大，敦煌学受到的关注也越来越多。作为一门综合性的国际显学，敦煌学在人们心中享有崇高的地位，当然也有着一定的神秘色彩。

1. 敦煌文献的坎坷命运

敦煌藏经洞于 1900 年夏天被王道士无意中发现并开启，之后几年，有少量文献经王道士之手流出，有些还辗转传到了叶昌炽这样的大学者手中。但在外国探险家蜂拥而至之前，中国的官府和学界并没有人认识到这一惊天发现的重大意义，也无人对此进行深究，从而错失了对这些国宝的保护时机。

斯坦因敦煌骗宝

首先来到敦煌的斯坦因（1862—1943），是英国著名考古学家与探险家。他于 1907 年 3 月到达敦煌莫高窟，宣称自己是亥

搬出藏经洞的文献 斯坦因摄

斯坦因像

奘大师的仰慕者，从印度来到敦煌，是为将当初玄奘所取佛经送回印度，并许诺了一大笔功德钱，从而获得王道士的信任。斯坦因用了 4 块马蹄银（合计 200 两白银），换走了整整 24 箱文献和 5 箱绘画、刺绣等艺术品。斯坦因还沿着敦煌一带古长城遗址进行了考古发掘，获得了众多汉简与其他语言文字的写本。

| 伯希和攫取精华 |

伯希和（1879—1945）是著名的法国汉学家与考古学家。他于 1908 年春到达敦煌，凭借流利的汉语和功德钱许诺说动了王道士，进入藏经洞，用三个星期的时间，翻遍了那些堆积得高过人头的文献，挑选出其中最富有学术价值的部分——写有题记年代的、未收入大藏经的佛教文献、非汉语的文献。他用 500 两白银从王道士手中买下了这些宝物，总计有 6000 余件。他的团队

伯希和考察队在莫高窟居住的洞窟
摄于 1908 年

伯希和在藏经洞内挑选文献
摄于 1908 年

还给莫高窟洞窟进行了编号，并拍摄了数百幅照片。

| 劫余宝藏再遭窃 |

1909 年 8、9 月间，伯希和来到北京，将随身携带的一些敦煌珍本文献展示给中国的学者，罗振玉、王国维、董康、端方、王仁俊等人在震惊之余，才首次清楚地认识到敦煌藏经洞宝藏的价值。在他们的呼吁下，1910 年，清政府才将劫余的藏经洞文献购买运京。文献转运途中，先是屡遭沿途官吏窃取；运抵北京时，负责押运的甘督何彦升之子何震彝公然将大车接至其家，伙同其岳父李盛铎以及刘延琛、方宗谦等人，挑选窃取其中精品，然后将长卷截裂为数段，以充其数。李盛铎窃取的敦煌文献，后来仅一次卖到日本的就有 400 件之多。

日本吉川小一郎和橘瑞超的驼队载着藏经洞文物离开中国

| 大谷光瑞组织的中国考察 |

日本佛教的净土真宗西本愿寺法主大谷光瑞于 1902—1914 年间，先后组织寺中的年轻僧人到中国西北进行了三次探险考察，其中橘瑞超、吉川小一郎在 1912 年、1914 年，分别从敦煌购得数百件文献，并在新疆获得不少的文物。这些内容构成了日本所藏敦煌文献的主体。

| 鄂登堡的敦煌考察 |

鄂登堡（1863—1934）是俄苏时期的东方学家与佛教史家，他组织了考察队，于 1914—1915 年间，对敦煌莫高窟进行了全面的发掘考察，在测绘、拍照、临摹之外，首次发掘了北区洞窟，获得大量汉文、回鹘文、藏文写本及绢、麻、纸质绘画的残片，加上民间搜集的，总数达到惊人的 19000 多件。俄苏所藏敦煌文献直到 20 世纪 60 年代才为世人所知。

鄂登堡在莫高窟　摄于1914 年

| 华尔纳考察队的破坏 |

美国人兰登·华尔纳是考古学家、艺术史家。他于 1924 年初第一次到达敦煌，试图用化学溶液和胶水粘取莫高窟的壁画，但气温过低导致胶水冻凝，计划未能完全成功，他剥取了 12 方壁画，对莫高窟造成了不可恢复的破坏。他还带走了两件彩塑，其中一件就是 328 窟的胡跪供养菩萨。第二年他再次来到敦煌，企图盗取第 285 窟的全部壁画，但有了警惕的敦煌人没有再给他任何机会，最终使其无功而返。

| 敦煌文献今何在 |

以上这些流散于世界各地的敦煌文献，分别收藏于大英图书馆、法国国家图书馆、俄罗斯科学院东方学研究所及日本的龙谷大学、大谷大学图书馆等处，保存于国内的，除绝大多数收藏在国家图书馆之外，各地图书馆、博物馆亦有不少，比如甘肃省图书馆、敦煌研究院图书馆、敦煌市博物馆等。目前，已知的敦煌文献绝大多数已经公布，并影印出版了图录、图册。

国际敦煌项目（IDP）：当代敦煌学的国际合作成果。

1994 年起，世界各主要收藏单位，中国国家图书馆、大英

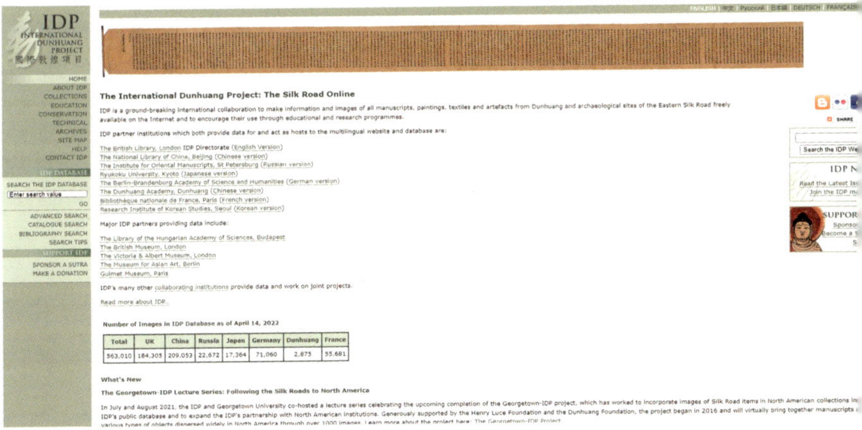

国际敦煌网站首页

图书馆、俄罗斯科学院东方学研究所、日本龙谷大学、法国国家图书馆、德国柏林勃兰登堡科学与人文学院、敦煌研究院、韩国高丽大学民族文化研究院等共同合作，建立了国际敦煌项目网站（idp.bl.uk），将敦煌以及丝绸之路所出文献、文物、艺术品等进行了数字化，在国际敦煌网站上予以公布，极大方便了研究与阅览，推动了这批宝藏的利用共享与保护。网站有英、中、俄、日、德、法、韩共七种语言文字。截至 2022 年 4 月，IDP 网站公布的图片文件总数已经达到 563000 余件。

《张君义勋告》及其背后的故事　敦煌藏经洞陈列馆中有一件展品，编号敦研 341 号，题《唐景云二年张君义勋告》，是一份记载唐睿宗景云二年（711 年）发

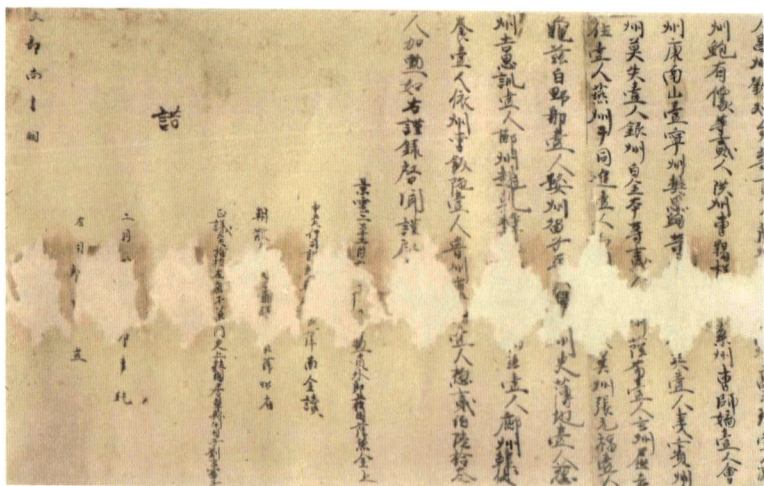

敦研 341《唐景云二年张君义勋告》

布的有关沙州张君义等 263 人立功授勋文告的抄本。这件文献是张大千于 1941 年在莫高窟北区窟前积沙中偶然发现的，当时与另三件公验文牒以及一个被削去顶部的人头骨和左手腕、右手拇指同盛于麻布袋中。该件文献及骸骨 20 世纪 60 年代由香港购回，归于敦煌研究院，余者藏日本天理图书馆。经学者研究可知，唐初沙州人张君义以白丁身份从军，奋勇作战，立功受奖，升为骁骑尉，最终战死沙场。他死之后同伴拾得其数片残骸并附上战功状文书，盛在袋中携回故乡。但不知何故没能安葬地下，终至埋没于莫高窟前积沙之中一千余年。遥想其人其事，不禁令人十分感慨。该文书所记与张君义一同被授勋的共有 263 人，分别来自西北、中原以及江南、东北各地，汉族以外，还有龟兹、契丹、鞨鞨、羌诸民族以及波斯人。这些士兵为唐朝国家安定和丝路繁荣畅通献出了生命，他们每一个人的名字都值得后人铭记。

2. 敦煌学及其研究内容

敦煌学的产生，是从对藏经洞文献文物的研究发端的，并迅速成为国际关注的一个新的学术潮流。陈寅恪 1930 年说："敦煌学者，今日世界学术之新潮流也。"还说："一时代之学术，必有其新材料与新问题。取用此材料，以研求问题，则为此时代学术之新潮流。"

罗振玉（右）与王国维（1916 年春
摄于日本京都净土寺町永慕园）

敦煌学研究的对象，最初主要集中在藏经洞发现的文献及相关问题上，后来范围逐渐扩大到与古代敦煌相关的所有方面，包括敦煌文献、敦煌石窟、敦煌历史文化以及敦煌研究的理论方法等。这个范围非常广泛，可以说，举凡中古时代的宗教、民族、文化、艺术、政治、历史、地理、语言、文学、科技、经济等内容，敦煌学都有所涉及。

| 敦煌文献：中国古代的百科图书 |

敦煌文献也称敦煌遗书、敦煌写卷、敦煌卷子、敦煌文书等。其主体部分是 1900 年敦煌藏经洞出土的 6 万多件古代写本和少量印本，以及土地庙文书、莫高窟北区出土文献，也包括古敦煌郡范围内发现的其他少量纸本文献和典籍。这些文献，皆世所罕见，具有极重要的历史文化价值。它们具有以下几个方面的特点：（1）数量巨大，总数达 6 万多件；（2）形成时间约在公元 4 至 14 世纪之间，几乎涵盖了纸本手写文献的主要时代；（3）文献的形成方式多样，以手写传抄为主，也有少量雕版印刷本及拓印而成的拓本等；（4）有汉文、吐蕃文、突厥文、回鹘文、于阗

唐咸通九年（868年）雕版印刷的《金刚经》经首

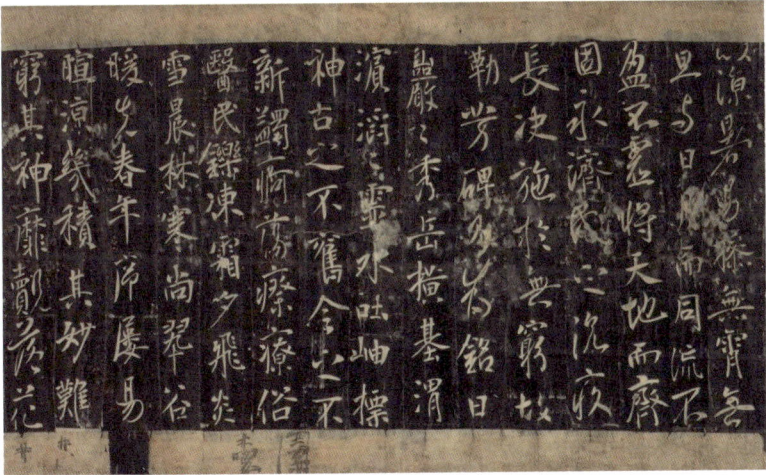

P.4508 唐太宗书《温泉铭》拓本

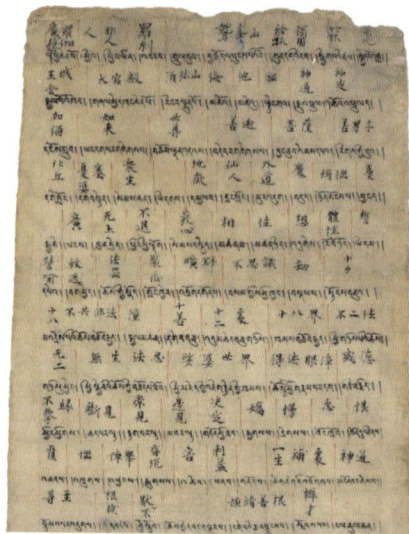

汉藏对音写本

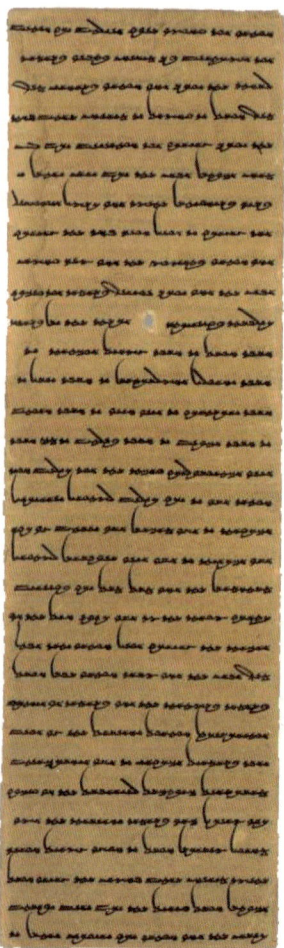

Ps1 粟特文写经

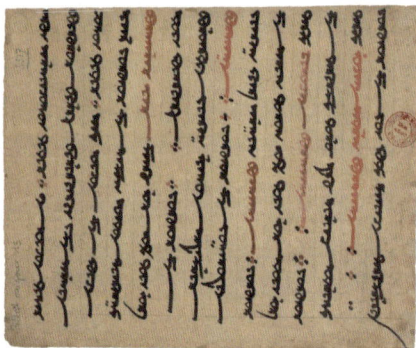

po13 双色书写的回鹘文书

文、梵文、粟特文、希伯来文、西夏文、蒙文等多种文字；（5）
文献装帧形式丰富，从卷轴装、册页装、旋风装、粘页装到梵夹
装、经折装、蝴蝶装，几乎古代纸本文献的所有装帧形式都可在

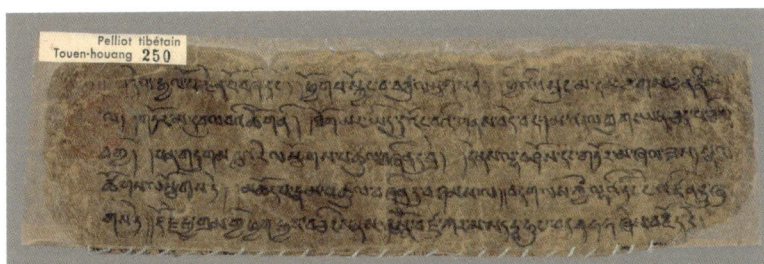

P.250 吐蕃文文献

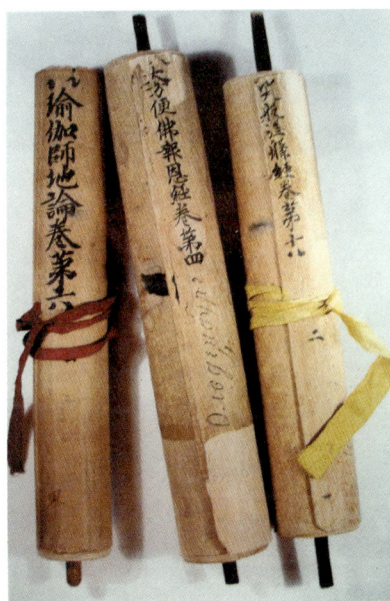

俄藏的卷轴装敦煌文献

梵夹装 P.4646《顿悟大乘正理决》

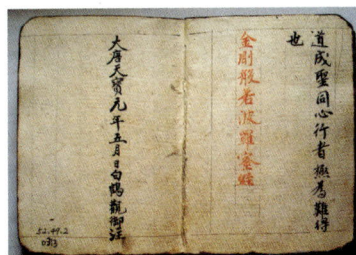

册页装敦煌研究院藏 96《金刚经》

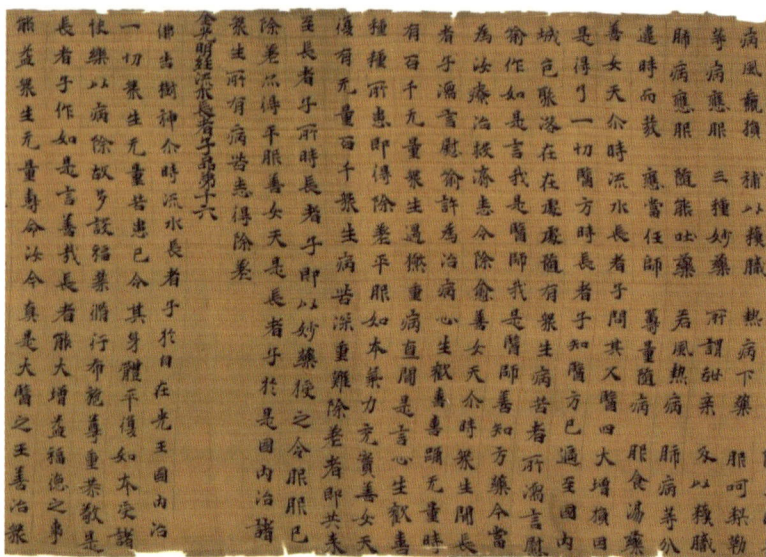

P.4506 471 年抄写在绢帛上的《金光明经》

此见到；（6）内容丰富庞杂，涉及极为广泛。所存以宗教文献为主，佛经占到了全部的 90% 以上，其中有不少珍贵的藏外佚经和疑伪经，是今人了解中古时期佛教发展传播的珍贵材料；还有道教、摩尼教、景教、祆教等其他宗教文献。世俗文献虽然只占 10% 不到，内容却极其广泛，涉及古代政治、军事、文学、语言、经济、文化、民族等多个方面。其中有关普通民众日常生活的文献，如诉讼文书、买卖契约、社邑转帖、书信范本、教材读物、学郎杂写、收入支出账目、寺庙僧尼名录、布施纳赠记录、斋祭文本、卜卦占辞、符箓星图、医方脉经、诗词歌谣、变文话本等，很多都不见于传世文献。

3. 千古之谜费思量：藏经洞封闭原因的猜想

藏经洞的发现震惊了世界，也带来众多难解之谜。首先一个便是，是什么原因导致当时将这些宝藏封存在莫高窟第 17 窟之中的？百余年来中外学者对这个问题进行了多方探讨，提出了多种猜想，归纳起来，大致有避难、废弃、法物供养三大类说法。

| 避难说 |

这是流传最广的一种说法。伯希和认为是宋初为避西夏攻打敦煌而封闭，即 1035 年西夏攻打敦煌之时所封；荣新江等人主张藏经洞是为避黑韩王朝（喀喇汗王朝）的进攻而封闭，即 1006 年前后，于阗国被信奉伊斯兰教的黑韩王朝攻灭，敦煌人担心黑韩王朝继续东进而封闭了藏经洞。

| 废弃说 |

方广锠等人主张废弃说，即藏经洞的文献文物是从敦煌各个寺院中收集清理出来的废弃物，包括旧佛经、幡画及写有文字的纸张，因其具有宗教神圣性，不能随便丢弃，便集中封藏于 17 窟中。日本学者藤枝晃还提出"书库改造说"，也算是废弃说的一种。

| 供养法物说 |

文正义、张先堂等人认为藏经洞的封闭是当地僧众为供养佛教法宝，而对残破旧经和法物进行的集中瘗埋封藏。这种说法与废弃说相近，区别在于认为藏经洞的作用不只是收藏废弃物，而是有意识地集中封藏供养。

以上诸说虽然各有依据，但都没有直接的史料佐证，只在封闭时间的看法上达成了一致，即11世纪前半期。

七、保护人类共同的遗产

作为人类文化遗产的敦煌石窟，带给人们美的享受的同时，也需要人们给予它呵护与爱惜。

｜保护之前的莫高窟｜

由于自然与历史的原因，敦煌石窟及敦煌历史人文遗址都存在相当程度的颓圮与毁坏情况。到19世纪末20世纪初，经历了人为破坏和岁月风沙的双重磨洗，莫高窟的衰败更是惊人，崖壁崩落，窟檐坍塌，许多主室的壁画、塑像直接裸露在外；连接上层洞窟的栈道坠断毁坏；流沙下滑，掩埋了下层洞窟。

｜莫高窟保护八十年｜

将敦煌莫高窟的保护纳入国家行为，真正有组织有计划地付诸实施，是1944年国立敦煌艺术研究所成立之后的事。数十年来，在常书鸿等人带领下，敦煌艺术研究所以及后来敦煌研究院的几代职工，采取了多种措施，对莫高窟进行保护。

基础性保护，如修筑围墙、安装金属门窗和护栏屏风，划分参观游览及工作生活区域，以及清理窟前积沙，同时在崖顶上修

伯希和从莫高窟第 130 窟（南大像）顶部拍摄的上寺　摄于 1908 年

1908 年伯希和拍摄的莫高窟

筑防沙障，固定流沙，以免流入崖底，等等，是多年来陆续实施并坚持的措施。针对性的措施，如为防止坍塌而加固崖面的举措，20世纪60年代开始大规模进行，对数百个洞窟崖面体进行了加固，奠定了今日莫高窟的整体外观景象。

针对威胁洞窟内部壁画、塑像的褪色、酥碱、起甲、空鼓等现象，敦煌研究院的保护人员在科学分析的基础上，采取相应对策，通过调节洞窟温度、湿度，并以灌浆、脱盐等方式进行加固修复，取得了很好的效果。数十年来，共修复了脱落、空鼓、起甲和酥碱壁画三千多平方米，抢救了大量濒危壁画。

同时，为避免游客数量过大对洞窟壁画、塑像造成的影响，敦煌研究院也采取了限制每日游客数量以及轮换开放参观洞窟的

1944年国立敦煌艺术研究所全体职工合影

加固修复后之栈道外观

举措，仿制了数个重要洞窟的模型供游人在陈列中心观看。此外，数字展示中心的建成，一方面使游客通过电影更全面地了解敦煌与莫高窟的历史文化背景，另一方面也有效地减少了游客在洞窟中停留的时间。

敦煌守护神　常书鸿（1904—1994）

1904 年出生于杭州，自幼喜欢美术，1927 年赴法国学习油画，取得了卓越成就。1935 年，他在巴黎塞纳河畔的一个旧书摊上偶然见到伯希和拍摄的敦煌石窟壁画与塑像的照片，受到极大震撼，由此热爱上敦煌艺术。回国之后，他于抗战的危难时期受命筹建国立敦

敦煌研究院前的常书鸿塑像　马兆民摄

煌艺术研究所，并于 1944 年起担任所长，从此承担起保护、研究敦煌艺术的重担，将自己的一生奉献给了敦煌和敦煌艺术。

当时的莫高窟，生活和工作条件都异常艰苦，但出于对莫高窟艺术的热爱和保护祖国文化遗产的责任，即便遭遇了家庭变故和后来的种种挫折，都没有动摇他的决心。数十年来，他与热爱敦煌艺术的同事一起，规划筹措，募集资金，招徕人才，致力于莫高窟的保护维修，进行壁画的临摹与艺术的研究，在国内外举办临摹壁画的展览，将敦煌艺术传播向世界，为敦煌石窟保护与壁画艺术研究作出了卓越的贡献。可以说，在中国敦煌学发展的历史中，常书鸿的名字已成为一面旗帜，他不仅是敦煌研究院（所）的创始人，敦煌石窟保护研究事业的开拓者与奠基者，也是"坚守大漠、甘于奉献、勇于担当、开拓进取"的莫高精神的象征。因此，他被称为"敦煌守护神"。

敦煌的女儿　樊锦诗

敦煌研究院前任院长，现名誉院长。她是浙江杭州人，生于北京，长于上海。1963年从北京大学考古学专业毕业后，便到敦煌文物研究所工

樊锦诗

作，1998年起担任敦煌研究院院长，至2017年退休。她在敦煌工作了一生，把家庭、事业和人生都奉献给了敦煌。她在潜心敦煌石窟的考古研究与分期断代的同时，更致力于世界文化遗产的保护传承。她以富有前瞻性的眼光，倡导并推进"数字敦煌"工程，把敦煌石窟的保护放在了首位。通过现代数字化科技手段，将敦煌洞窟与壁画的信息资料采集并存储起来，再以数字化的形式加以展示与传播，取得了良好效果。同时也开创了敦煌莫高窟开放管理的新模式。因对敦煌保护与研究的杰出贡献，她被誉为"敦煌的女儿"。

| 你我皆是保护者 |

虽然人们采取了诸多的保护手段和措施，但历史悠久的莫高窟以及敦煌的其他历史文化遗迹，无论是石窟、塑像、壁画，还是长城、烽燧遗址，乃至自然的一些景观，在岁月与人力面前都非常脆弱，经不起一点点的破坏。也许游客的一个无意举动，就会对文物造成难以弥补的损失，如触摸、踩踏、攀爬，以及闪光灯的照射、呼出的水汽，都会对壁画、塑像有所损害。所以，当我们参观这些景点时，要对这些祖先留下的珍贵遗迹保持足够的敬意，也保持足够的距离，不要触摸、踩踏、攀爬，更不要刻画、涂写。

后　记

　　赵园先生回忆说:"离开敦煌的那个清晨,我一个人在莫高窟周边的沙碛、树丛间游走,看阳光在枝叶间闪耀,着了魔似的说不出话来。那种空旷寂寥与静穆,令我沉醉。我与这种感动像是暌违已久。"这种感动,我在敦煌也曾数次体验。正是这种感动和多年从事敦煌研究的经历,让我产生了"好好写一本讲敦煌的书"的想法。

　　2019年夏天,教育出版社刘正东先生来电邀约,说正在筹划一套《走进甘肃旅游文化》丛书,需要找一位作者撰写《走进敦煌》一书。他的谋划,与我往日的想法非常接近,自是欣然允命。

　　原以为写这样一本为普通读者提供旅游指南的书很容易,但实际做起来却一点也不轻松,工作难度并不亚于从事专业研究。选择内容、核实材料、打磨语言、统一角度、拍摄或取得照片、校正内容,每一项都多次反复,其间还经历过一次电脑崩溃丢失文件,加上新冠疫情的阻隔,使原定的再次踏勘和补拍照片的计划落空,也将原定的交稿时间一再推迟,延宕至今。令人欣慰的是，经过日夜不懈的努力，在诸多好友的帮助下，这本小书终于得以完成。但还是要提醒一下读者，书中的景点门票价格、旅游线路、演出时间等信息在写作时参考了最新资料，后续可能会有变更，还请读者以最新信息为准。

在此，要真诚地向诸位提供帮助的新老朋友道谢，他们是：王惠民、马兆民、刘翠英、李兴文、贾其全、刘鹏、王海军、魏学强、殷长波、杜永卫、吐送江·依明、吴丰萍、朱建军、李惠东、肖从礼、李旭东、钟力、马悦宁、祁峰、纪应昕、朱国立、马托弟。他们或帮忙拍摄照片，或热心提供材料。没有他们的帮助，这本书难以完成。此外，还要感谢敦煌市文体广电和旅游局，在写作过程中提供了一些便利，在后续完稿后，对本书提出了一些宝贵建议，在此一并表示感谢。

感谢甘肃教育出版社多年的信任，感谢刘正东先生的邀约与专业、认真的编辑，也感谢对我一再延期交稿的宽容。

给读者一本介绍敦煌的小书，给作者一个完成夙愿的机会。将敦煌介绍给读者，讲好敦煌故事，向世界展现一个真实、立体、全面的敦煌，是我们共同的愿望。